Jürgen Hesse
Hans Christian Schrader

Testtraining Konzentrationsvermögen

Eignungs- und Einstellungstests
sicher bestehen

eichborn.exakt

Die Autoren

Jürgen Hesse, Jg. 1951, geschäftsführender Diplom-Psychologe im Büro für Berufsstrategie, Berlin.

Hans Christian Schrader, Jg. 1952, Diplom-Psychologe in Berlin.

Anschrift der Autoren

Hesse / Schrader
Büro für Berufsstrategie
Oranienburger Straße 4–5
10178 Berlin
Tel. 030 / 28 88 57-0
Fax 030 / 28 88 57-36
www.berufsstrategie.de

3 4 07 06

Eichborn AG, Frankfurt am Main, Oktober 1999
Reihenkonzeption: Christina Hucke (Umschlag), Petra Wagner (Layout)
Lektorat: Sabine Rock
Satz: Nicole Delong
Druck & Bindung: Clausen & Bosse, Leck
ISBN 3-8218-3852-3

Verlagsverzeichnis schickt gern:
Eichborn Verlag, Kaiserstraße 66, D-60329 Frankfurt am Main
www.eichborn.de

INHALT

Einleitung 5

LEISTUNGS-KONZENTRATIONS-TESTS 7

1. Der Zwei-d/bq-Test 7
2. Kopfrechnen-Leistungs-Test 16
3. Adressen-Überprüfung 21
4. Summa summarum 24
5. Buchstabensalat 27
6. Kettenaufgaben 31
7. Sortieren 32
8. Zahlensuche 41
9. Gesichter beobachten 48
10. Zahlen/Buchstaben-Tabelle 54
11. Listenüberprüfung 59
12. Schätzaufgaben 66
13. Post, Porto und Tarife 68
14. Buchstaben/Zahlen 74
15. Zahlen verbinden 81
16. Buchstaben einkreisen 87
17. Muster vergleichen 90
18. Wegeplan 97
19. Tabellen-Konzentrations-Test 98
20. Buchstaben heraussuchen 100
21. Farbkonzentration 107
22. Konzentrations-Aufmerksamkeits-Leistungstest 108
23. Konzentrations-Rechenleistungstest 109

BEARBEITUNGSHILFEN 113
Test-Tips – Worauf es ankommt 113
Einige konkrete Bearbeitungshinweise für Leistungs-Konzentrations-Tests 117
Bearbeitungs- und Lösungsquoten 119

Lösungsverzeichnis 121
Hinweise 155

Einleitung

In zahlreichen Einstellungstests und Personalausleseverfahren werden Testaufgaben zur Überprüfung der Konzentrationsfähigkeit und des allgemeinen Leistungs- und Arbeitsverhaltens eingesetzt. Dieser Spezialband beschäftigt sich ausschließlich mit diesem Aufgabentyp.

Zu schön, um wahr zu sein, wenn man Bewerbern eine Arbeitsaufgabe vorlegen könnte und ihnen beim Lösen – möglichst nicht länger als 30, maximal 60 Minuten – quasi über die Schulter schaut, um daraus zuverlässig ableiten zu können: Dieser Bewerber kann gut, schnell und konzentriert arbeiten.

Verständlich, dieser Wunsch, aber deshalb nicht weniger unmöglich. Es ist unrealistisch, aus einem Arbeitsproben-Miniausschnitt Rückschlüsse auf das Lern- und Arbeitsverhalten des Bewerbers ganz allgemein ziehen zu können. Und dennoch: So leicht lassen sich diese Testaufgaben bei allen Vorbehalten nicht vom Tisch wischen. Hier geht es um das Konzentrations-Leistungs-Vermögen, um Ihre Ausdauer und Belastbarkeit, um Ihren Sinn für Ordnung und Sorgfalt (schließlich die wieder verstärkt in Mode kommenden preußischen Tugenden!) und die Fähigkeit, sich die Arbeit gut zu organisieren.

Verzweifeln Sie bitte nicht. Nur sehr wenige Aufgaben lassen sich in der vorgegebenen Bearbeitungszeit schaffen. Hinzu kommt, daß man es bei aller Konzentration wohl kaum schafft, die Aufgaben völlig fehlerfrei zu bearbeiten. Erinnern Sie sich des Spruches: Nur wer nicht arbeitet macht auch keine Fehler. Durch die große Anzahl der Aufgaben und die relativ kurze Bearbeitungszeit entsteht ein enormer Leistungsdruck. Dieser ist bewußt so inszeniert, um Sie zu stressen und auf diesem Weg herauszufinden, wie sich Ihre Arbeitsleistung und Ihre Arbeitsqualität unter schwierigen Umständen entwickelt.

Es ist sicherlich problematisch, pauschal für alle hier angebotenen Übungsaufgaben eine Bearbeitungs- und Lösungsquote zu benennen. Generell sollten Sie deutlich mehr als 70% der Einzelaufgaben bearbeitet haben und diese möglichst auch nur mit einen sehr geringen Fehleranteil (etwa 5-10%). Genauere Angaben finden sie auf Seite 119.

Nach unserem Motto „Wissen, was alles auf einen zukommen kann und worauf es wirklich ankommt“ möchten wir Ihnen hier die gängigsten Verfahren ausführlicher vorstellen und damit eine konkrete Übungsmöglichkeit anbieten. Wieder einmal gilt: Übung macht den Meister.

LEISTUNGS-KONZENTRATIONS-TESTS

1. Der Zwei-d/bq-Test

Bei den nun folgenden 72 Buchstabenreihen müssen alle d's, die durch zwei Striche gekennzeichnet sind, markiert werden. Dabei geht's um folgende d's:

″	′	
d	d	d
	′	″

d's die mehr oder weniger als zwei Striche haben (oben/unten), dürfen nicht markiert werden, ebensowenig wie alle b's und q's.

Für die folgenden 72 Zeilen haben Sie 25 Minuten Zeit. Bitte notieren Sie am Zeilenrand jeweils die Anzahl der markierten d's.

Nr.																									
	'	'	'	'	"		"		"	'	"		"						'		'				'
1.	d	b	q	d	q	b	b	q	q	d	q	b	d	b	b	q	d	b	q	q	d	b	q	b	d
	'	'	'	'	'			'		'		'		'		'	'			"	"	"	"	"	'
	'	'	"			'		"		'	'	"	'		'	'		"		'		'	"	'	'
2.	b	d	q	q	b	d	d	q	d	b	q	d	b	d	q	b	d	q	q	d	b	b	d	q	b
		'		'	'	'	"	'	'	'	'		'	"	'	'	'	'	"	'	"	'		'	'
	"			'		'		'	'	"			"	'		'	'			'		'		'	"
3.	d	d	b	q	q	b	d	q	b	d	d	q	b	q	b	d	b	q	b	d	q	d	d	b	q
		'			"	'	"	'	'		'	'		'		"	'		"	'	'	'	"	'	
	'	"	'	'	'	'	"	'	'	"	"	'	'	'	'	"	'		'	'	"	'	'		'
4.	b	d	b	q	d	b	d	q	d	q	d	d	b	q	d	q	d	b	q	b	d	d	q	b	d
	'		'	'	'	'		'	'	'	'	'	'	'	'	'	"	"	"	'	'	'	'	"	"
	'	"	'	'	"				'	'		'	"		"		'	'	"		"	"	'		"
5.	d	b	b	d	d	d	q	b	b	d	d	b	d	d	q	q	q	b	d	d	q	q	b	q	b
	'		'	"		"	'	'	"	'	"	'		'	'	"	'	'		'	'	'		'	
	'		"				"	'	"			"	'		"	'	'	'	"	"	"	'		'	"
6.	b	d	d	d	b	q	d	d	q	b	q	q	b	q	b	b	q	b	d	b	d	d	q	b	q
	'	"		'	"	"		'		'		'		'		'	'	'	'	'	"	'	"	'	'
	"			'	'	'	"		"					'	'	"	"	'	'	"		"	'	"	'
7.	q	q	b	b	d	b	d	d	q	q	d	q	d	q	b	d	q	q	b	d	d	q	d	b	d
		'	'	"	'	'		'	'	"	"	"	"	'	'		'	'	'		'	'	"	'	'
	"	'	'	"		'	"	'	'	'		'	"		"	'		"	'	'	'	'	"		"
8.	q	q	b	d	d	d	b	b	d	b	q	b	d	d	q	b	d	q	q	b	q	b	d	d	q
	'	'	'		'	'		'	"		'	'		'	'	"	"	'	'	'	'	'		'	'
	'	'	"		"	"	'		'	'	"	'	'	"		"		'		"	'		'	"	'
9.	q	b	d	d	q	d	b	d	q	b	d	q	b	d	d	q	b	q	q	d	b	d	b	d	q
	'	'		'	'		'	"	'	'	'	'	'		'	'			"		'	"	'	'	'

	'	'		'	"	'	'	"		"	'		"	'		'	'		'	'	"		"	"	'
10.	b	d	d	b	d	q	b	d	d	q	d	q	d	b	d	q	b	b	q	b	d	d	q	d	d
	"	'	"	'		'	'		'	'	'	"		'	"	'	'	"	'	'		'	'		'
	"			'		'		'	"	'		"	'	'	"		'		"	'		'	"	'	"
11.	d	d	b	q	q	b	d	d	d	b	d	d	q	b	d	d	q	q	d	b	d	q	b	d	q
		'	"		"	'	"	"		'	"	"	'	'		'		"		'	"	'	'	'	
	"	'	"	'	'		"	'		"	'	"		"	'		'		'		'	"		'	"
12.	d	b	q	q	b	d	q	q	q	d	b	d	d	b	q	q	b	d	d	d	b	d	d	q	b
		'	"	'	'	'	'		"		'		'			"	'	"	'	"	'		'	'	
			'		"		'		'	"		'	"		"			"	'		'	'	"	'	'
13.	d	b	q	q	d	d	d	d	b	d	d	b	d	d	q	b	q	d	b	d	q	b	d	q	b
	'			"		"	'	"	'		'	'		'	'		"		'	"	'	'	"	'	'
	'		"	'		'	'	"		"	'	"		'	'	'	"			'		"	'	'	"
14.	q	q	d	b	d	q	b	d	d	q	b	q	d	b	q	b	d	d	b	q	q	d	b	q	d
		"		'	"	'	'		'	'	"	'	'	'	'			'			"		'	"	'
		'		"	'	'	"			'		'		"	'		'	"	'		'	"	'	"	'
15.	b	q	q	d	b	q	d	d	b	q	q	q	q	d	b	d	q	d	d	b	q	d	q	q	d
			"		'	'		'			"		"		'	"	'		'	"	'	'	'	'	'
	'	'		"		'	"	'	"	'	'	'	'	"		'	"	'	'		'	"	"	'	"
16.	b	d	d	q	d	q	b	d	q	d	b	q	b	d	d	q	d	b	q	q	b	d	q	b	q
	"	'	"	'	'	'	'	'	'	'	'	'	'	'	'		"	'		"				'	
	"			'		'		"	'		'	'	'	'		"	'	'	'	"	'	'	'		"
17.	d	d	b	q	q	b	q	d	b	d	q	d	b	d	d	q	b	q	b	d	q	b	d	q	b
		'			"	'	"		'	"	'		"	'	"	'	'	'	'	"	'	'	'	'	
	'	"		'	'		'	"	'	'	'	'		'	"		'	'		"	'	'		'	'
18.	b	d	d	q	b	d	b	d	q	b	b	b	d	q	d	d	q	q	q	d	b	q	q	d	d
	'		'	'	'	'	'	"	'	'	'	'	"	'		'			"		'		"	'	"

	'	"	'	'	"	"	'	'	"		'	"	'	'		"	"	'	"		'		'	'	"
19.	b	d	q	b	d	q	q	b	d	d	b	d	b	q	q	d	d	d	q	b	q	q	b	d	q
	'	"	'	'		"	'	'		'			'		"			'	'			"		'	'

		"	'	'		'	'	'	"	"		"	'		'	'		"	'	"		'		'	'
20.	q	d	b	q	q	b	q	d	q	d	b	d	b	d	q	b	d	d	d	q	b	q	q	b	q
	"		'		"	'	'	'	'	'			'	"	'	'	'		'	'			"	'	"

	'	'	'	"	'	'	'	"		"		'		"	'	"		'	'	"		"		"	'
21.	d	q	d	d	b	q	b	d	d	q	q	d	d	q	b	d	d	q	b	d	d	b	q	d	b
	"		'		'	'	'		'		'	'	"	'	"		"	'	'		'		'		'

	'	'	"	"				"					'	'	"			"	'			'	'		"
22.	q	d	q	d	b	q	b	d	b	q	b	d	q	b	d	d	q	d	b	q	b	b	d	d	q
	'	'	'	'		'			"	'	"	"	'	'		'	'		'	'	'	"	'	"	'

	"	'		'	'		"			'		'	'	'	"	'			'	'		"	'	"	'
23.	d	b	d	q	b	d	d	d	b	q	q	q	b	d	d	b	q	b	b	d	d	q	d	b	q
		'	"	'	'	'		'			"	'		"		'	'	'	"	'	"	'	'	"	

	"		"	'	"	'	"	"		"		"	'		'	'	'	'	'	"	'				"
24.	b	q	d	b	d	d	q	d	b	b	q	d	b	q	b	d	q	b	d	d	b	d	b	q	d
		'		'		'	'	'			'		'	"	'	'	'		"		'	"	"	'	

	"			'		'	"		"	'	"	'			'	'	"	"	'		'	'	"	"	'
25.	d	d	b	q	q	b	b	q	d	b	b	b	q	b	b	d	q	d	b	d	q	b	d	b	d
		'			"	'		'		'		'	'	'	"	'	'		'	"	'	'			'

	"		"	'	"		'	'	"		"	'		"	'	"		'	'	"	"		"	'	"
26.	b	q	d	b	d	d	q	b	d	d	d	q	q	d	b	d	d	q	b	d	b	q	d	b	b
		'		'		"	'	'		'			"		'		"	'	'			'		'	

	'	'	"	"					'	'		"	"	'		'	"		'		"			"	
27.	q	d	q	d	b	q	q	b	b	d	d	b	d	b	d	q	d	d	d	d	q	q	b	q	b
	'	'	'	'		'	'	'	"	'	"			'	"	'		'	'	"	'	'	'		"

28. d d b q q b q b b d d d b d q b q d b d d q q b d

29. b d d b d b d d q b d q d b b q d b q q d b d q b

30. d b d q b d q q b b d q b b d d d b q b b q b d q

31. d b q b b d d b q q d d b d q b d d q q q b q d d

32. q q b b d q d d b d q d q q b b d q d b q b b q d

33. d d b q q b q q b b d q q b b d q q d b q q d q b

34. d q q b b b d d q b d d d b q q b q d b q q d b d

35. d d b q q b q q b b d d q q b b q b b d d q d q b

36. d d q b d q b d d q d q q d b q b q q d b d d q q

37. b d d q d q b b d d q b d d q q b b d d qq d d b

38. d d q d q d b q b q q b q d b d q b d q db d q b

39. d d d d q b b d q b q d d q q b b b d d qb b d d

40. d q b d q d b q b q b d d q d b d b d d qd b q b

41. q d b d b d q b d q b d d q d b q b d q bb d q q

42. q b b d q q b q b d d d b d d b d d q q bb b d q

43. q b d d q d b q b d q d d q q b b b d d bd q b d

44. q d b d b d q b d b b q q d b d q b d q bd d b d

45. d q b b d d b d q d q b d q d b d b d d qd b q b

46. d d d d q q b q b q q b d q q b b b d d b d q b q

47. q d b d q d b q b b q b q d b d q b d q d q d q b

48. d b q d b d q b d b d d d q d b d b d d q d b q b

49. d b q d b d q b b d q q d q d b d b d d b d q b d

50. d d q d q d b q b d d b q d b d q b d q b d d b d

51. b d q b b d q b d q d d d q q b b b d d q q b q b

52. q q d d b d q b d b q q d q d b d b d d q d b q b

53. b q d d q q b q b b d d q d b d q b d q b d d b d

54. q b b d b d q b q b q q d q q b b b d d q q b q b

55. b q q d q d b q b q b d d q d q q d b d q b d q d

56. b b d d q q b q b q b b d q d b d b d d q d b q b

57. q d b d q b d q d q d b q b d b d q b d b d q b d

58. d q q b b b d d q d b d q b d q d q d b q b d q d

59. q d b d q b d q d q q b b b d d q q b b b d b b d

60. d q d b d b d d q d b q d b d d d q d b d q d d q

61. d q q b b b d d q d b d b d d q d b q b b d d b d

62. d q d b d b d d b d q b d q q b q b d q q b q b q

63. d q d b q b d q d q d b d b d q d q q b b b d b q

64. d q q b b b d d q d b d b d d q d b d b d d q d q

65. b b d d q d b d b d d q d b q b d b d q b d q d q

66. d q d b q b d b d q b d q q b q b b d d b d b d d

67. d q d b d b d d q d q d q q b b b d d q d b q b d

68. d b d q b q b d d q d b d b d d q d b q b d q d q

69. d q d q d q q b b b d d b d q b d q q b q b b q d

70. d q d b q b d b d q b b d d b d d b d q b d q d q

71. q d d q d b d b d q b d d d q q b b b d d b d q b

72. d q q b b b d d q d b d b d d q d d q d b d d b d

2. Kopfrechnen-Leistungs-Test

Diese Aufgaben sind nach folgendem System zu lösen:

Die obere Zeile wird zuerst ausgerechnet. Das Ergebnis darf nicht aufgeschrieben werden, sondern muß „im Kopf behalten“ werden. Nun ist die untere Zeile dran. Auch hier das Ergebnis ausrechnen und merken. Jetzt gilt folgende Regel: Stets ist die kleinere Zahl von der größeren abzuziehen, und nur dieses Ergebnis soll neben der Aufgabe notiert werden. Es dürfen keine Nebenrechnungen aufgeschrieben oder sonst irgendwelche Notizen gemacht werden.

1. Beispiel:

8 + 2 – 4 Ergebnis: 6
7 – 5 + 2 Ergebnis: 4

6 – 4 = 2 Nur die 2 darf als Lösung hingeschrieben werden.

2. Beispiel:

5 – 4 + 1 Ergebnis: 2
9 + 6 – 7 Ergebnis: 8

8 – 2 = 6 Nur die 6 darf als Lösung hingeschrieben werden.

Da 2 – 8 ein negatives Ergebnis zur Folge hätte, müssen die beiden Zahlen vertauscht werden

Für die folgenden 3 x 26 Aufgaben (A – Z, a – z, 1 – 26) haben Sie 15 Minuten Zeit. In der Testrealität erwarten Sie weit über 200 Aufgaben dieses Typs mit einer Bearbeitungszeit von etwa 30 – 45 Minuten.

A	5 + 7 – 4 8 – 5 + 3	**B**	4 + 5 – 3 9 – 3 + 5	**C**	8 – 4 + 3 3 + 6 + 1
D	9 + 6 – 4 2 + 9 + 2	**E**	5 – 4 + 6 2 + 3 – 4	**F**	2 + 5 – 5 3 – 2 + 9
G	4 – 3 + 5 8 – 2 – 5	**H**	3 – 2 + 8 6 + 3 – 7	**I**	4 + 8 – 5 8 – 4 + 7
J	2 + 8 – 7 6 – 5 + 9	**K**	4 + 8 – 5 3 + 6 – 4	**L**	9 – 5 + 3 3 – 2 + 7
M	8 – 3 + 7 9 – 5 + 3	**N**	6 + 8 + 9 9 – 3 + 7	**O**	9 – 5 + 8 7 – 4 + 6
P	8 – 6 + 5 4 + 9 – 7	**Q**	6 + 9 – 3 3 + 6 + 8	**R**	2 + 8 + 5 9 – 7 + 7
S	8 + 4 – 9 3 + 8 – 5	**T**	7 + 8 – 8 3 + 9 – 4	**U**	6 – 2 + 9 2 + 5 – 3
V	9 – 5 + 7 4 + 3 + 6	**W**	6 – 3 + 7 4 + 6 + 8	**X**	4 + 8 + 6 7 – 4 + 5
Y	2 + 7 + 9 9 – 3 – 4	**Z**	3 + 8 + 2 6 – 3 + 8		

a 7 + 9 – 3 8 – 5 + 3	**b** 8 – 5 + 9 5 + 9 – 5	**c** 6 + 8 – 6 7 + 5 – 6
d 2 + 7 – 4 6 + 3 – 2	**e** 5 – 3 + 8 3 + 5 + 7	**f** 5 + 9 + 6 9 – 5 + 2
g 8 + 6 – 4 7 – 5 + 7	**h** 2 + 4 – 5 8 – 4 + 8	**i** 3 + 5 – 3 5 – 3 + 8
j 2 + 6 + 7 5 – 3 + 7	**k** 3 + 8 + 4 2 + 5 – 3	**l** 2 + 9 – 7 8 – 4 + 2
m 9 – 7 + 8 4 + 9 – 2	**n** 4 + 9 – 5 3 + 7 + 9	**o** 5 – 3 + 8 6 + 7 – 5
p 5 – 2 + 9 4 + 8 + 6	**q** 5 – 2 + 1 2 + 7 – 5	**r** 7 + 7 – 8 9 – 5 + 4
s 2 + 5 – 4 4 + 7 – 9	**t** 7 – 3 – 3 9 + 7 + 1	**u** 5 + 8 – 6 4 – 2 + 9
v 4 + 5 + 2 8 – 6 + 9	**w** 8 – 3 + 7 7 – 2 + 9	**x** 7 + 8 + 6 5 + 7 – 3
y 4 + 8 + 6 9 – 7 + 8	**z** 7 + 6 + 5 9 – 6 + 4	

1 6 + 8 + 7
2 + 4 − 6

2 5 − 2 + 7
4 + 5 + 6

3 5 − 3 + 9
6 + 4 − 1

4 4 − 3 + 6
5 + 7 − 3

5 6 + 8 − 3
7 − 2 + 1

6 2 + 8 − 4
3 + 7 − 6

7 5 − 2 + 8
7 + 9 − 6

8 5 + 4 − 5
3 + 7 − 4

9 4 + 5 + 6
9 − 6 + 7

10 4 + 6 + 5
5 − 3 + 7

11 6 − 3 + 8
8 + 9 − 6

12 5 + 2 − 4
8 − 5 + 2

13 7 + 6 + 3
8 − 7 + 9

14 6 + 4 + 8
3 + 1 − 1

15 7 + 1 + 9
8 − 5 + 7

16 5 + 9 − 4
6 − 2 + 8

17 9 − 4 + 3
7 + 2 + 1

18 4 + 8 − 5
5 − 2 + 7

19 7 − 3 + 8
9 − 5 + 3

20 4 + 1 − 3
8 + 6 + 4

21 7 + 8 − 3
5 − 4 + 9

22 5 + 2 + 7
6 − 4 + 8

23 8 + 7 + 1
3 + 4 − 3

24 4 + 8 − 5
3 + 4 − 6

25 3 − 2 + 8
4 − 3 + 7

26 8 + 7 − 4
3 + 7 + 7

Nach dieser Rechenoperation beginnen Sie bitte mit folgender Variante von vorn:
Ist das Ergebnis der oberen Zeile größer als das der unteren, müssen Sie jetzt das Ergebnis der unteren Zeile von dem der oberen abziehen (wie gehabt). Ist das Ergebnis der oberen Zeile kleiner oder gleich dem Ergebnis der unteren Zeile, müssen Sie es dazuzählen.

Diese Variante schafft Ihnen nochmals 3 x 26 neue Aufgaben, für die Sie wieder 15 Minuten Zeit haben.

3. Adressen-Überprüfung

Ihnen wird eine Original-Adressenliste und deren Abschrift vorgelegt. Ihre Aufgabe ist es, die Abschrift mit dem Original zu vergleichen. Alle Fehler sind zu unterstreichen und pro Abschriftzeile insgesamt auszuzählen.

Beispiele:

Original

Christof Müller	10020 Berlin, Im Rait 2	T: 897 656
Sybille Schwarz	80000 München, Sonnentau 10	T: 545 467

Abschrift

Christof Möller	10020 Berlin, Im Reit 2	T: 897 656
Sybille Schwarz	80000 München, Sonnentau 11	T: 545 468

Lösung			*Fehler*
Christof Möller	10020 Berlin, Im Reit 2	T: 897 656	2
Sybille Schwarz	80000 München, Sonnentau 11	T: 545 468	2

Für die folgende Adressenliste haben Sie 10 Minuten Zeit.

Original

Franz Bekkenbauers	67430	Bayerndorf 1, Ballplatz 175 A	T: 1234567
Jeremias Gotthilf	56340	Schleusendorf 2, Käferring 4	T: 036 6745
Egon Groschenbügel	32450	Narrenheim 15, Budikerring 12	T: 98678
Schlosserei Skiele	23500	Berndow 7, Monumentenstr. 3	T: 035 2788
Wäscherei Weiß	77000	Miendorf 4, Döllersweg 25d	T: 086 67 56
Anita G. Pranglie	89500	Karlsharst 3, Wegschneidrstr. 2	T: 8645
Sabine K. Horney	34200	Peine 23, Heinzenhuber Weg 5	T: 9067
Bäckerei Schnelle	35620	Gießen 45, Hahnkampweg 286f	T: 023 56 71
Gernot F. Browney	65000	Sydow, Am Marktplatz 33	T: 034 56 99 00
Sonja S. Müllers	90660	Müllershausen, Waldstr. 5	T: 90 1568 67
Petra Schnellenbach	76500	Meinheim 45, Friedsaalstr. 5	T: 389 89 0
Fa. K.B. Vautenloh	34000	Sülze 2, Heißenstr. 163	T: 876 54 96 23
Fa. Max Kühlenbrot	12300	Bachelach, Heilsbrunnen 34	T: 457 23 13
Franz Mainzbergs	77670	Nymphenburg 4, Herrmanstr.1b	T: 12 32 14
Fa. Heinz Brinkmann	56390	Jellingsdorf 23, Hamstr. 34	T: 56 37 28
Manfred H.C. Börner	75610	Hexenfurth 2, Bahnhofsstr. 34	T: 081 891
Gustav Gründermann	10000	Berlin 41, Calvinstr. 29	T: 0301 25 67 7
Dr. Grnot H. Binder	10000	Berlin 44, Robert Lück Weg 54	T: 231 56
Prof. Dr. H. Siebel	10020	Berlin 894, Kellerweg 361	T: 123 334 34
Hannemann AG Neuß	54020	Neuß 2, Am Hamelbruch 23	T: 4334 562 34
Fa. S. Kulperts	89000	Bellen 3, Kruppstr. 144	T: 023 45 76 12
Prof. Hennigsstein	98980	Nenn 1, Innerer Weg 21c	T: 675 65 76 59
Harald Landsert	88100	Bremenau 56, Weißstr. 59	T: 012 45 76 65
Dr. Heinz P. Knall	67000	Brenner 1, Knießstr. 651h	T: 03 76 98 89
Kaiser & Sohn	66650	Hahnendorf 4, Bachgasse 44	T: 112 563 76
Dr. Alt & Partner	81210	Keulenbach 3, Am Feldrand 23	T: 98 98 1
Postspar e.V.	27560	Oldenbourg 12, Feldsweg 114d	T: 089 38 4
Tierschutz Verein	76200	Bad Gastein 4, Heinzelstr. 6	T: 076 23 1
Lampenschirm GmbH	55780	St. Gallen 32, Am Stoppeln 5	T: 097 14 8
Fa. Kohl & Partner	76500	Bad Luisenau 2,Hertzstr. 30	T: 935 36 9
Fa. S. Lottenow	24700	Wienbad 4, Maienberger Str.40	T: 789 894
Hans Dieter Böhm AG	34760	Biel 13, Herrmannzeile 147	T: 078 60 201
Prof. Maria Docht	22200	Bernstein 4, Waidmannsheil 13	T: 67 67 8
Selmer & Co GmbH	20001	Hambur 13, Weserstrand 6	T: 083 34 45 1
Fa.Franzenhuber OHG	22000	Weiler 1, Calvinstr. 35	T: 038 56 23 89
Hannes K. Beckerow	56700	Bad Lippenau, Mandelzeile 5	T: 34 67 270
Christian H. Welle	88800	Brahmstedt, Manichowskistr. 27b	T: 89675
Dr.Petra Pannowitz	75000	Heidelberg 22, An der Lahn 3a	T: 067 674
Fa. Rudi C. Walle	35610	Harschburg 1, Brausestr. 34c	T: 068 142
Fa. Dieter Schnee	12460	Keilendorf 5, Berliner Str. 145	T: 619 7
Ärzte Vereinigung	34900	Busenhausen 4, Fordstr. 29a	T: 56 23 912
Wirtschaftsdienste	78000	Werl 2, Robert-Glück-Str. 2	T: 023 1578
Eusebia Mügel	34560	Senkendorf 3, Reuterallee 17	T: 089 7867
Ede Labbadia	35620	Deppendorf 89, Lausstr. 67	T: 0456 78 678
Gunhilde Schlecht	69000	Kellendorf 1, Löwenring 6	T: 089 561 896

Abschrift

Franz Bekkenbauers	67430	Bayerndorf 1, Ballplatz 175 A	T: 1234567
Jeremias Gotthilf	56340	Schleusendorf 2, Käferring 4	T: 036 6746
Egon Groschenhügel	32450	Narrenheim 15, Budikerring 12c	T: 98678
Schlosserei Skiele	23500	Berndow 7, Monumentenstr. 3	T: 035 2788
Wäscherei Weiß	77000	Miendorf 4, Döllersweg 25d	T: 086 67 57
Anita G. Pranglie	88500	Karlshorst 3, Wegschneiderstr. 2	T: 8645
Sabine K. Horney	34200	Peine 23, Heinzenhuber Weg 5	T: 7067
Bäckerei Schwelle	35620	Gießen 45, Hahnkampweg 256f	T: 023 56 71
Gernot F. Browley	65000	Sydow, Am Marktklatz 33	T: 034 56 99 00
Sonja S. Müllers	90560	Müllershausan, Waldstr. 6	T: 90 1668 67
Petra Schnellenbach	76500	Meinheim 45, Friedsaalstr. 5	T: 389 89 0
Fa. K.B. Vautenloh	34010	Sülze 2, Heißenstr. 163	T: 876 54 56 23
Fa. Max Kühlenbrod	12300	Bachelach, Heilsbrunnen 34	T: 457 23 13
Franz Mainzbergs	77670	Nymphenburg 4, Hermanstr.1b	T: 12 42 14
Fa. Heinz Brinkmann	56390	Jellingsdorf 23, Homstr. 34	T: 56 37 24
Manfred H.C. Börner	75610	Hexenfurth 2, Bahnhofsstr. 34	T: 081 891
Gustav Gründermann	10000	Berlin 41, Calvinstr. 29	T: 0301 25 67 7
Dr. Gernot H. Binder	11000	Berlin 44, Robert Lück Weg 52	T: 231 56
Prof. Dr. H. Siebel	10020	Berlin 895, Kellerweg 361	T: 123 334 34
Hannemann AG Neuß	54020	Neuß 2, Am Hanelbruch 23	T: 4344 562 34
Fa. S. Kulperts	89000	Bellen 3, Krupstr. 144	T: 023 23 76 12
Prof. Henigsstein	98980	Nenn 1, Innerer Weg 21c	T: 675 65 76 59
Harald Landsert	88111	Bremenau 56, Weißstr. 59	T: 012 45 76 65
Dr. Heinz P. Knall	67000	Brenner 1, Knießstr. 651h	T: 03 76 98 89
Kaiser & Sohn	66650	Hahnendorf 4, Bachgase 44	T: 112 563 76
Dr. Alt & Partner	81210	Keulenbach 3, Am Feldrand 23	T: 98 98 1
Postspar e.V.	27560	Oldenburg 12, Feldweg 114d	T: 089 38 4
Tierschutz Verein	76200	Bad Gastein 4, Heinzelstr. 6	T: 076 23 1
Lampenschirm GmbH	52380	St. Gallen 32, Am Stoppeln 5	T: 096 14 8
Fa. Kohl & Partner	76555	Bad Luisenau 2, Hertzstr. 30	T: 935 36 9
Fa. S. Lottenow	24700	Wienbad 4, Mayenberger Str.40	T: 789 894
Hans Dieter Böhm AG	34760	Biel 13, Herrmazeile 147	T: 078 60 201
Prof. Marie Docht	22200	Bernstein 4, Waidmonnsheil 13	T: 67 67 8
Selmer & Co GmbH	20001	Hamburg 13, Weserstrand 6	T: 083 34 45 1
Fa.Franzenhuber OHG	22000	Weiler 1, Calvinstr. 35	T: 038 56 23 89
Hannes K. Beckerow	56700	Bad Lippenau, Mandelzeile 5	T: 34 67 270
Christian H. Welle	88800	Brahmstedt, Manichofskistr. 27b	T: 89675
Dr.Petra Pannovitz	75000	Heidelberg 22, An der Lahn 3a	T: 067 674
Fa. Rudi C. Walle	35610	Harschburg 1, Brausestr. 34c	T: 068 142
Fa. Dieter Schnee	12460	Keilendorf 5, Berliner Str. 145	T: 613 7
Ärzte Vereinigung	34900	Busenheusen 4, Fordstr. 29a	T: 56 23 916
Wirtshaftsdienste	78000	Werl 2, Robert-Glück-Str. 2	T: 023 1578
Eusebia Hügel	34546	Senkendorf 3, Reuterallee 17	T: 079 7867
Ede Labadia	35620	Deppendorf 89, Lausstr. 67	T: 0456 78 678
Gunhilde Schlecht	69000	Kellendorf 1, Lövenring 6	T: 089 561 896

4. Summa summarum

Jetzt geht es um die Überprüfung der Richtigkeit von Additionen. Sie sollen vier 2-stellige Zahlen jeweils von links nach rechts in der Zeile addieren und das Ergebnis, das am Rand notiert ist, überprüfen, sowie von oben nach unten beide Zahlen addieren und das vorliegende Ergebnis wiederum überprüfen. Sind alle Zahlen richtig addiert, können Sie die Aufgabe abhaken. Falsche Ergebnisse sind durchzustreichen.

Beispiele:

15	23	= 38 ✓	
27	48	= 75 ✓	
42	71		Alle Additionen sind richtig und abgehakt.

69	20	= ~~75~~	
21	56	= 77 ✓	
90 ✓	~~66~~		Die Ergebnisse 75 und 66 sind durchzustreichen.

Für die folgenden 48 Aufgaben haben Sie 15 Minuten Zeit.

1

22	44	= 66
19	47	= 65
43	91	

2

34	61	= 95
18	44	= 61
52	104	

3

9	82	= 91
28	29	= 59
47	111	

4

33	44	= 67
66	26	= 92
99	70	

5

13	33	= 46
25	41	= 66
38	74	

6

51	9	= 70
22	47	= 69
83	56	

7

92	4	= 96
7	63	= 80
98	67	

8

29	11	= 50
30	37	= 67
59	49	

9

41	12	= 43
14	21	= 35
55	32	

10

67	13	= 80
51	43	= 93
127	56	

11

34	25	= 69
12	26	= 39
46	53	

12

39	48	= 87
19	52	= 71
49	100	

13

77	22	= 97
8	86	= 96
85	104	

14

47	13	= 60
84	46	= 130
95	59	

15

18	15	= 33
6	73	= 78
24	86	

16

26	15	= 41
54	80	= 123
80	93	

17

44	23	= 67
32	9	= 41
76	42	

18

38	12	= 50
36	86	= 112
74	98	

19

102	14	= 116
9	83	= 92
134	95	

20

66	33	= 98
15	46	= 61
81	79	

21

39	28	= 67
15	8	= 23
54	37	

22

27	72	= 99
20	54	= 75
47	126	

23

13	12	= 25
56	63	= 111
69	78	

24

34	11	= 45
46	20	= 66
80	31	

25

8	56	= 64
72	25	= 97
90	71	

26

34	13	= 47
45	81	= 124
79	96	

27

25	12	= 37
56	5	= 64
81	17	

28

37	8	= 45
11	89	= 102
48	97	

29

16	37	= 53
8	46	= 54
24	83	

30

85	28	= 113
80	9	= 89
165	37	

31

46	57	= 103
23	17	= 44
69	74	

32

39	13	= 52
70	24	= 94
107	37	

33

48	12	= 64
12	44	= 56
60	56	

34

33	9	= 42
28	33	= 61
61	42	

35

21	55	= 76
51	43	= 94
72	89	

36

67	3	= 71
14	56	= 70
81	59	

37

44	23	= 67
15	9	= 24
56	42	

38

37	28	= 65
13	55	= 68
50	83	

39

66	5	= 81
34	19	= 53
100	24	

40

33	40	= 76
12	28	= 41
45	78	

41

45	61	= 106
30	34	= 64
75	93	

42

23	10	= 33
11	38	= 49
34	48	

43

37	23	= 60
22	58	= 85
59	81	

44

56	70	= 126
12	9	= 21
68	79	

45

18	3	= 21
73	19	= 92
96	22	

46

23	34	= 57
11	26	= 37
36	70	

47

19	24	= 43
21	80	= 101
43	102	

48

26	45	= 71
22	35	= 57
48	80	

5. Buchstabensalat

Bei dieser Aufgabe müssen aus einer Vielzahl von verschiedenen Buchstaben in einem Rechteck Wörter aus einem bestimmten Sachgebiet herausgesucht werden. Diese Wörter können waagerecht von links nach rechts, senkrecht von oben nach unten oder diagonal von links nach oben oder diagonal von oben nach unten angeordnet sein (siehe folgendes Beispiel).

Bei diesem Beispiel sind vier Begriffe aus der Tierwelt in der oben beschriebenen Anordnung versteckt.

A	B	E	G	I	R	O	S	T	D	H	I	R	N	B	R
S	D	O	P	Ü	R	U	I	S	F	H	J	K	L	P	Ö
D	G	I	R	A	F	F	E	K	S	L	A	R	M	O	P
D	F	A	L	L	E	G	I	S	C	C	H	L	Ö	T	Z
A	D	K	L	E	Ö	Ä	H	Y	X	V	H	G	H	J	Ö
H	J	K	Z	L	Ü	D	U	B	N	A	R	W	H	A	L
I	F	T	G	J	K	L	N	L	Ö	S	S	Q	E	L	C
B	A	R	G	H	D	R	D	R	A	B	I	U	A	I	T
K	A	S	T	E	V	O	M	V	I	E	R	T	E	L	N
P	F	I	S	T	C	H	I	N	T	E	Z	L	P	A	B

Lösung: 1. Giraffe 2. Hund 3. Katze 4. Schwein

In den folgenden drei Rätseln sind Wörter aus folgenden Sachgebieten versteckt:

1. Rätsel: Pflanzen – 19 Wörter
2. Rätsel: Kleidungsstücke = 20 Wörter
3. Rätsel: deutsche Städte = 18 Wörter

Zur Bearbeitung der drei Rätsel haben Sie insgesamt 45 Minuten Zeit, pro Feld also 15 Minuten.

1. Rätsel

B	R	E	A	S	T	E	R	T	Z	U	R	U	B	S	T
C	H	I	R	X	V	E	I	L	H	Ö	E	Ä	B	R	E
V	Ü	X	L	I	E	S	L	I	E	F	A	R	G	I	E
E	B	E	C	H	W	I	Q	U	E	K	H	E	I	P	R
I	G	E	L	F	R	U	S	Ö	T	Z	E	I	N	R	M
L	Ä	R	M	S	E	E	R	O	S	E	S	M	S	I	E
C	A	E	L	C	K	Ü	S	C	H	G	L	A	S	M	I
H	O	S	E	H	L	A	U	T	I	E	Ä	D	U	E	L
E	N	B	B	U	V	E	R	K	D	I	N	U	B	L	Ä
N	A	R	E	F	R	A	G	O	A	X	Y	E	Ö	J	A
F	M	A	R	G	E	R	I	T	E	U	L	R	L	E	B
X	I	R	B	Ö	L	L	X	C	H	L	Ä	E	N	K	M
E	I	B	L	K	I	E	S	J	U	B	E	L	Q	U	E
I	S	R	Ü	B	K	E	H	T	S	C	H	E	I	N	M
N	O	N	M	U	R	D	A	R	M	S	O	N	N	A	N
L	U	S	C	H	E	L	Ö	W	E	N	Z	A	H	N	Ö
W	A	R	H	N	Ä	S	T	G	I	R	L	A	B	U	S
O	P	F	E	I	L	E	I	M	G	N	O	K	Ä	W	I
R	R	A	N	G	S	V	E	U	R	Ä	S	T	W	I	R
A	U	S	T	S	X	A	L	A	Ü	O	A	D	E	C	L
C	I	R	I	S	B	O	F	O	T	S	S	E	Ü	K	A
P	F	E	R	D	E	N	E	R	G	T	Ö	E	L	E	E
P	F	A	D	Ü	I	Ä	H	T	E	S	C	H	A	F	A
C	I	M	T	A	U	S	E	E	N	Z	I	A	N	L	U
A	N	A	R	R	S	D	W	R	T	I	G	R	E	R	F
E	G	E	R	L	O	I	S	T	E	I	M	S	I	N	R
B	E	I	L	O	S	S	E	L	H	J	I	E	R	O	E
N	R	O	I	Y	S	T	A	B	U	R	L	A	F	F	S
Ö	H	R	E	V	O	E	G	R	L	E	B	B	A	L	I
R	U	D	E	L	A	L	L	E	K	R	O	S	T	I	E
V	T	E	R	E	N	S	C	A	B	R	I	L	Z	U	M
W	I	E	G	G	L	I	M	M	E	S	C	H	U	H	L
U	R	M	E	K	Ö	N	I	G	S	K	E	R	Z	E	O

2. Rätsel

P	H	I	R	S	T	O	F	B	L	A	U	W	U	R	L
A	U	R	A	T	E	E	S	T	R	Ü	M	P	F	E	P
N	T	S	S	K	O	H	L	A	S	T	E	R	U	I	C
N	I	E	C	K	L	O	C	S	C	H	I	R	L	W	O
E	R	A	S	T	B	L	A	O	Q	U	E	L	L	E	R
H	J	A	N	T	O	R	F	M	I	E	D	R	A	S	T
O	L	E	I	S	T	E	G	M	O	R	M	Ü	T	Z	E
G	U	T	A	V	O	L	K	E	R	U	O	I	Z	A	K
I	S	A	R	N	O	R	D	R	Ä	T	R	A	H	B	E
Ü	O	H	Ä	M	S	O	N	K	U	H	D	V	O	R	N
I	C	N	I	E	D	T	Ü	L	L	E	E	R	S	I	E
C	K	Ä	H	N	U	T	A	E	S	R	A	B	E	S	T
H	E	R	D	D	R	O	M	I	K	D	S	C	H	U	Ä
U	N	D	H	I	N	T	R	D	Ü	B	I	K	I	N	I
N	Ö	T	H	E	C	K	E	J	A	G	D	V	O	L	L
D	A	S	P	L	Ü	E	G	E	N	K	L	O	S	Q	Q
O	Q	U	W	E	L	L	B	A	D	E	K	Ö	R	N	D
G	U	M	M	I	S	T	I	E	F	E	L	G	A	M	E
U	R	T	I	D	T	E	R	K	L	R	O	E	E	A	R
T	P	Y	J	A	M	A	I	O	A	W	S	H	D	G	K
F	O	R	S	T	M	T	S	C	H	E	I	N	H	I	T
A	U	T	R	A	I	N	I	N	G	S	A	N	Z	U	G
F	F	G	I	R	T	O	H	L	I	T	E	R	F	I	J
Ä	G	S	R	T	U	U	T	I	Z	E	K	L	T	U	Ö
R	E	M	I	S	C	H	I	C	K	D	E	T	U	C	H
G	Ü	O	W	E	R	T	K	Ö	S	T	F	I	S	C	H
E	R	K	L	E	K	Ö	N	M	I	E	S	A	X	E	R
R	O	I	S	L	U	T	U	R	N	S	C	H	U	H	E
W	E	N	I	B	A	L	D	X	A	V	H	Y	O	H	N
W	E	G	S	I	L	B	E	R	K	L	Ü	N	K	E	L
O	D	E	R	M	A	U	S	O	R	T	R	I	L	K	E
R	E	I	M	E	F	U	S	T	O	N	Z	E	O	O	N
T	R	N	O	U	H	E	B	E	N	B	E	D	S	T	A

3. Rätsel

B	U	N	D	E	F	E	T	Z	T	U	T	R	K	H	O
B	E	R	L	I	N	B	U	D	E	R	S	T	A	A	R
O	P	P	E	N	H	U	A	R	I	S	T	Ö	R	M	T
R	T	E	R	Z	I	T	Ö	R	B	E	N	S	I	B	A
G	E	I	G	E	S	O	M	M	E	O	R	G	I	U	L
U	N	D	E	M	U	S	T	E	R	Z	N	Ä	S	R	T
G	Q	U	R	E	A	B	E	N	D	I	Ä	N	A	G	E
E	U	A	I	D	D	I	E	S	T	E	L	K	R	O	R
L	D	E	F	E	U	I	N	N	Ö	G	E	Z	L	F	F
P	A	F	F	E	K	L	U	Z	B	F	U	L	D	A	I
A	B	L	A	S	T	U	C	H	B	A	B	Y	U	M	B
R	O	Ü	X	O	P	A	S	S	A	U	U	R	R	I	L
T	A	N	T	E	U	W	A	L	D	M	B	I	S	T	E
Y	Ü	E	R	G	P	L	A	T	T	B	F	Ü	R	T	H
H	O	B	E	G	Ü	R	T	E	L	R	O	S	A	C	K
O	R	U	N	G	Ö	R	P	A	Y	A	D	E	S	C	H
W	I	R	G	E	H	T	A	U	S	E	N	D	C	H	I
M	E	G	G	Y	Q	U	T	S	D	F	U	I	R	E	L
O	R	T	L	E	R	B	L	I	S	T	E	D	Ü	M	M
T	A	C	H	O	B	A	D	Ä	N	O	R	E	Z	N	I
E	D	R	E	S	D	E	N	F	U	G	U	R	E	I	S
L	Y	M	A	D	U	D	D	F	U	I	E	O	R	T	K
Z	U	G	E	N	K	L	O	E	N	S	C	N	A	Z	Ä
V	E	R	E	D	A	D	H	K	N	M	U	I	R	Z	T
H	A	R	M	E	D	Ü	S	S	E	L	D	O	R	F	I
O	A	E	B	F	S	C	H	I	R	M	F	U	T	T	E
W	M	M	I	U	C	H	A	M	I	S	G	E	K	O	R
I	N	M	E	I	Q	U	A	S	T	L	O	G	O	D	G
E	I	B	E	L	F	U	S	S	E	F	O	H	B	K	L
G	S	U	N	A	N	B	A	S	U	S	W	O	L	M	A
E	S	N	U	B	I	O	S	O	G	U	I	S	E	R	N
W	E	D	T	E	R	A	I	D	A	R	G	E	N	Ü	G
O	N	E	H	R	K	B	E	B	E	N	O	B	Z	Ä	E

6. Kettenaufgaben

Man muß vielleicht froh sein, daß diese Kettenaufgaben nicht mündlich angesagt, sondern schriftlich gegeben werden. (Bei richtigen Auswahltests werden diese Aufgaben angesagt. Also bitte auch so bearbeiten!) Für 13 Aufgaben (A – M) haben Sie 30 Minuten Zeit (aber ohne Taschenrechner):

A 2 x 5 + 2 : 6 + 4 x 5 + 6 : 6 + 4 x 5 : 2 – 5 : 4 – 4 x 9 + 1 =

B 8 – 4 x 2 : 4 + 9 x 5 : 5 + 4 – 5 : 2 – 4 x 8 + 2 x 7 + 4 : 2 =

C 2 x 4 – 5 + 3 x 6 + 4 – 5 : 7 x 5 + 5 x 2 : 6 x 5 : 2 + 7 – 8 =

D 9 – 6 + 2 x 7 : 5 + 3 x 7 : 7 – 2 x 3 + 6 x 4 – 9 + 2 + 2 – 6 =

E 4 x 5 : 4 + 5 x 4 – 3 x 3 – 1 : 2 – 8 + 3 – 9 x 2 – 1 : 9 + 1 =

F 3 x 3 + 6 – 5 x 7 + 2 : 8 + 6 x 3 + 21 : 11 – 3 x 9 + 3 : 10 x 13 =

G 4 + 22 – 8 + 14 : 4 x 9 + 8 : 8 + 50 – 6 : 6 + 11 – 5 + 12 – 3 : 4 =

H 84 – 6 + 2 : 8 x 7 – 7 : 9 + 45 + 2 : 6 x 5 – 15 + 90 : 60 x 8 : 4 =

I 105 + 16 – 21 : 10 + 27 – 1 : 4 x 5 – 7 + 12 : 5 x 8 + 1 : 9 x 4 + 13 =

J 24 x 3 : 9 x 6 – 8 + 24 : 8 + 19 : 3 – 5 x 8 + 23 – 5 + 2 : 4 x 5 + 9 =

K 14 + 63 : 11 x 8 + 11 – 7 x 3 – 100 + 1 : 9 x 6 + 16 – 6 : 8 – 5 x 15 =

L 23 + 6 – 2 : 9 x 17 + 3 : 2 + 72 : 11 + 32 + 1 : 6 x 3 + 15 : 4 x 7 =

M 55 x 2 – 60 + 4 : 9 x 7 – 12 : 3 x 8 + 1 : 9 + 34 + 13 – 16 x 3 : 20 =

7. Sortieren

Dieser Test besteht aus drei einzelnen Aufgaben.

Sie bekommen für die erste Aufgabe drei Listen. Auf der ersten sind Institutionen durch eine Ziffer gekennzeichnet (z.B. das Verkehrsamt mit der Ziffer 02). Ein alphabetisches Namen-Codierschema ist Gegenstand der zweiten Liste. Eine dritte Liste enthält Personennamen, die bestimmten Institutionen zugeordnet sind (z.B. Peter Klug / Rundfunkanstalt).

Ihre Aufgabe besteht darin, mit Hilfe der Listen eins und zwei (Institutionen, alphabetische Codierung) nun die Namens- und Institutionsliste (dritte Liste) listig in Form von Zahlencodes umzusetzen und in die vierte Spalte einzutragen. Alles Müller, oder was???

Ein Beispiel:
Peter Klug befindet sich in der Rundfunkanstalt;
Peter Klug = 16 (gemäß Liste zwei),
Rundfunkanstalt = 27 (gemäß Liste eins),
Lösung: 1627.

Dagegen hat Peter Pan, der sich z.Z. in der Psychiatrie befindet, den Zahlencode 22 (für Pa) und 28 (für Psychiatrie),
Lösung: 2228.

Für die zweite und dritte Aufgabe gibt es wieder jeweils drei Listen, mit denen gearbeitet werden muß. Die zweite Liste ist bei allen Aufgaben gleich. Sie enthält das alphabetische Namens-Codierschema. Beachten Sie bitte, daß bei den Doppelnamen der Anfangsbuchstabe des ersten Nachnamens entscheidend ist.

In der zweiten Aufgabe stellt die erste Liste Studienfächer dar, die wiederum in der dritten Liste mit verschiedenen Dozentennamen kombiniert sind, d.h. die Frage lautet: Welcher Dozent unterrichtet welches Fach? Hier gilt es, in der vierten Spalte die Zahlencodes für die dritte Liste umzusetzen.

Bei der dritten Aufgabe geht es in der ersten Liste um Buchsachgebiete bzw. Medienarten und deren Signaturenfarben. In der dritten Liste sind Autorennamen aufgezählt, die bestimmten Buchsachgebieten bzw. Medienarten zugeordnet sind. Mit Hilfe der zweiten Liste und der ersten Liste müssen die Codes für die Autorennamen und die Signaturenfarben für die Buchsachgebiete bzw. Medienarten ermittelt werden und in die vierte Spalte eingetragen werden.

Die Bearbeitungszeit soll für jede Aufgabe 10 Minuten betragen.

1. Aufgabe

1. Liste: Institutionen	2. Liste: Alphabetisches Namens–Codierschema
01 = Abendschule	00 = Aa – Am
02 = Verkehrsamt	01 = An – Az
03 = Pressezentrum	02 = Ba – Bo
04 = Polizeirevier	03 = Bp – Bz
05 = Realschule	04 = C
06 = Turnhalle	05 = Da – Dn
07 = Schwimmstadion	06 = Do – Dz
08 = Sportplatz	07 = Ea – Ek
09 = Kaufhaus	08 = EL – Ep
10 = Markthalle	09 = Eq – Ez
11 = Marktplatz	10 = Fa – Fm
12 = Krankenhaus	11 = Fn – Fz
13 = Feuerwehr	12 = Ga – Gz
14 = Eissportstadion	13 = Ha – Ho
15 = Studentenheim	14 = Hp – Hz
16 = Gesundheitsamt	15 = I – J
17 = Gewerbeaußendienst	16 = Ka – Kl
18 = Finanzamt	17 = Km – Kz
19 = Postamt	18 = L
20 = Zoo	19 = Ma – Mz
21 = Park	20 = Na – Nm
22 = Schloß	21 = Nn – Nz
23 = Museum	22 = O – P
24 = Galerie	23 = Q
25 = Denkmal	24 = R – Sa
26 = Tierheim	25 = Sb – Se
27 = Rundfunkanstalt	26 = Sf – St
28 = Psychiatrie	27 = Su – Sz
29 = Gefängnis	28 = Ta – Tz
30 = Waisenhaus	29 = U – W
	30 = X – Z

3. Liste: Namen und Institutionen	Lösung: Codierung
01. Bärbel Bollermann / Finanzamt	01:
02. Phillip Filipowitz / Turnhalle	02:
03. Emanuel Seeckt / Schloß	03:
04. Elvira Zugvogel / Verkehrsamt	04:
05. Richard von Weiz / Park	05:
06. H. Kool / Kaufhaus	06:
07. Helmut G. Posser / Postamt	07:
08. Barbara S. Bellabarba / Galerie	08:
09. Marianne Schlütersee / Eissportstadion	09:
10. Alwine Magerkoch / Studentenheim	10:
11. Peter Klug / Rundfunkanstalt	11:
12. Peter Pan / Psychiatrie	12:
13. Marion Gunther / Postamt	13:
14. Bärbel Schmidt / Waisenhaus	14:
15. Karl Dall / Zoo	15:
16. Eduard Zimmermann / Polizeirevier	16:
17. Heinz Schneider / Denkmal	17:
18. Marc Knopf / Eissportstadion	18:
19. Elli Mücke / Abendschule	19:
20. Frida Bums / Krankenhaus	20:
21. Klara Schumann / Studentenheim	21:
22. Hans Glück / Rundfunkanstalt	22:
23. Charlotte Weber / Tierheim	23:
24. Fritz Langhans / Gesundheitsamt	24:
25. Rainer Teufel / Feuerwehr	25:
26. Peter Kuzwick / Park	26:
27. H. O. Mühlenbaum / Studentenheim	27:
28. Dr. Nullenbach / Schloß	28:
29. Prof. Dagmar Rautenbug / Finanzamt	29:
30. Karl Heinz Bello / Galerie	30:
31. Andrea Schneider / Realschule	31:
32. Anton Adler / Verkehrsamt	32:
33. Friedrich Pleitgen / Pressezentrum	33:
34. Hannelore Rolle / Turnhalle	34:
35. Anita Bolle / Kaufhaus	35:
36. Walter Watzlav / Schwimmstadion	36:
37. Hanna Ernst / Markthalle	37:
38. Petra Frida / Abendschule	38:
39. Werner Hauß / Polizeirevier	39:
40. Kai U. Hassel / Gewerbeaußendienst	40:

2. Aufgabe

1.Liste: Studienfächer	2. Liste: Alphabetisches Namens–Codierschema
01 = Medizin	00 = Aa – Am
02 = Philosophie	01 = An – Az
03 = Mathematik	02 = Ba – Bo
04 = Geographie	03 = Bp – Bz
05 = Chemie	04 = C
06 = Geologie	05 = Da – Dn
07 = Forstwissenschaft	06 = Do – Dz
08 = Archäologie	07 = Ea – Ek
09 = Ethnologie	08 = EL – Ep
10 = Anglistik	09 = Eq – Ez
11 = Bibliothekswissenschaft	10 = Fa – Fm
12 = Germanistik	11 = Fn – Fz
13 = Psychologie	12 = Ga – Gz
14 = Slavistik	13 = Ha – Ho
15 = Amerikanistik	14 = Hp – Hz
16 = Bergbau	15 = I – J
17 = Architektur	16 = Ka – Kl
18 = Verfahrenstechnik	17 = Km – Kz
19 = Physik	18 = L
20 = Altamerikanistik	19 = Ma – Mz
21 = Biotechnik	20 = Na – Nm
22 = Kommunikationswissenschaft	21 = Nn – Nz
23 = Elektrotechnik	22 = O – P
24 = Biologie	23 = Q
25 = Maschinenbau	24 = R – Sa
26 = Publizistik	25 = Sb – Se
27 = Wasserbau	26 = Sf – St
28 = Umwelttechnik	27 = Su – Sz
29 = Politik	28 = Ta – Tz
30 = Jura	29 = U – W
	30 = X – Z

3. Liste: Dozenten und Studienfächer — Lösung: Codierung

01. Prof. Dr. Müller / Archäologie	01:
02. Dr. G. Zacher / Verfahrenstechnik	02:
03. Dr. Dr. Egon Berg / Amerikanistik	03:
04. Dr. Ilse Stein / Psychologie	04:
05. Prof. Dr. Peter Ellenberg / Architektur	05:
06. Dr. Sybille Koch / Biotechnik	06:
07. Dr. F. Sunner-Probst / Geographie	07:
08. Friedhelm Heinig / Mathematik	08:
09. Dr. Gernot Pfeifer / Elektrotechnik	09:
10. Prof. Dr. J. Schröder-Olm / Chemie	10:
11. Dr. W. Döhring / Kommunikationswissenschaft	11:
12. Dr. E. Kluge / Archäologie	12:
13. Brigitte Caspari / Germanistik	13:
14. Elvira Norderbaum / Altamerikanistik	14:
15. Prof. Dr. D. Bolle / Forstwissenschaft	15:
16. Prof. Dr. Norbert Eisenstedt / Bergbau	16:
17. Dr. Anton Himmelmeier / Verfahrenstechnik	17:
18. Ulrich Tiefenbach / Philosophie	18:
19. Ferdinand Undeloh / Biologie	19:
20. Prof. Dr. V. Schlüsselbein / Medizin	20:
21. Dr. P. Friedendorf / Politik	21:
22. Dr. Dr. G. Regensberg / Jura	22:
23. Prof. Dr. W. Brüning / Bibliothekswissenschaft	23:
24. Dr. Karl Anton / Philosophie	24:
25. Dr. Ludwig Dahrendorf / Geologie	25:
26. Dr. Rudolf Sievenkrug / Ethnologie	26:
27. Dr. Dr. Otto Günther / Anglistik	27:
28. Dr. Volker Ludwig / Verfahrenstechnik	28:
29. Prof. Dr. E. Czerminski / Umwelttechnik	29:
30. Hubert Müller-Bramholz / Politik	30:
31. Prof. Dr. Jochen Kamm / Biotechnik	31:
32. Dr. Bärbel Zuversicht / Psychologie	32:
33. Prof. Dr. Ch. Westermeier / Wasserbau	33:
34. Andreas Berge-Saale / Germanistik	34:
35. Dr. W. Löffler / Bibliothekswissenschaft	35:
36. Prof. Dr. D. Abenrath / Slavistik	36:
37. Dr. Dr. H. Rübenstedt / Forstwissenschaft	37:
38. Prof. Dr. Marion Elm / Kommunikationswissenschaft	38:
39. Dr. Verena Pflug / Umwelttechnik	39:
40. Prof. Dr. P. Kalder / Wasserbau	40:

3. Aufgabe

1. Liste: Signaturenfarbe und Buchsachgebiet bzw. Medienart

gelb	Biographien
grün	Geographie
orange	Religion
rot	Theater
blau	Biologie
braun	Wirtschaft
silber	deutsche Geschichte
orange	Soziologie
gold	Handwerk
lila	Videos
rosa	Basteln
lila	Zeitschriften
gelb	Sprachen
gold	Fotografie
gelb	Literaturwissenschaft
rot	Tanz
blau	Physik
blau	Technik
orange	Psychologie
braun	Recht
silber	Weltgeschichte
grün	Reisen
rot	Film
gold	Landwirtschaft
rosa	Spiele
lila	Lexika
lila	Nachschlagewerke
braun	Politik
grün	deutsche Landeskunde
blau	Informatik/EDV
rot	Kunst
blau	Mathematik
orange	Philosophie
grün	Berlin
gold	Haus/Garten
rosa	Sport
lila	CD-ROMs
blau	Chemie
orange	Pädagogik
lila	Tageszeitungen

2. Liste: Alphabetisches Namens–Codierschema

00 = Aa – Am
01 = An – Az
02 = Ba – Bo
03 = Bp – Bz
04 = C
05 = Da – Dn
06 = Do – Dz
07 = Ea – Ek
08 = EL – Ep
09 = Eq – Ez
10 = Fa – Fm
11 = Fn – Fz
12 = Ga – Gz
13 = Ha – Ho
14 = Hp – Hz
15 = I – J
16 = Ka – Kl
17 = Km – Kz
18 = L
19 = Ma – Mz
20 = Na – Nm
21 = Nn – Nz
22 = O – P
23 = Q
24 = R – Sa
25 = Sb – Se
26 = Sf – St
27 = Su – Sz
28 = Ta – Tz
29 = U – W
30 = X – Z

3. Liste: Autorennamen und Buchsachgebiet bzw. Medienart

Lösung: Codierung

	Code	Farbe
01. Beate Finger / Handwerk	01:	
02. Norbert Pflug / Lexika	02:	
03. Eva Kröpelin / Spiele	03:	
04. Brigitte Schmidt-Heinz / Psychologie	04:	
05. Adam Wulf / Mathematik	05:	
06. Peter Störing / Wirtschaft	06:	
07. Uwe Volkers / Weltgeschichte	07:	
08. Friedrich Jaeger / Sprachen	08:	
09. Otto Busch / Basteln	09:	
10. Rudolf Christiansen / Film	10:	
11. Günther Zechstein / Soziologie	11:	
12. Wilhelm Brönninger / CD-ROM	12:	
13. Jessica Schramm / Biologie	13:	
14. Petra Klamm / deutsche Landeskunde	14:	
15. Christel Frohsinn / Fotografie	15:	
16. Karl-Heinz Reuther / Tanz	16:	
17. Andreas Sömmering / Politik	17:	
18. Marion Dorau / Reisen	18:	
19. Martina Holstein / Tageszeitungen	19:	
20. Jana Niemann / deutsche Geschichte	20:	
21. Heike Dreyer-Schulze / Kunst	21:	
22. Erwin Selchow / Sport	22:	
23. Hinnak Müller / Landwirtschaft	23:	
24. Frido Weseloh / Geographie	24:	
25. Ruth Xaverthin / Literaturwissenschaft	25:	
26. Sonja Rüdersdorf / Pädagogik	26:	
27. Piroschka Sieber / Spiele	27:	
28. Berhard Zobel / Lexika	28:	
29. Egon Bauer / Berlin	29:	
30. Sören Eiber / Theater	30:	
31. Franz Holm-Bohnsack / Reisen	31:	
32. Jens Folding / Chemie	32:	
33. Adelheid Czerwinski / Zeitschriften	33:	
34. Olaf Teichmann / Religionen	34:	
35. Angelika Alter / Biographien	35:	
36. Bernd Ellenburg / Recht	36:	
37. Carola Immergrün / Kunst	37:	
38. Pavel Czudnochowski / Videos	38:	
39. Ann-Katrin Grone / Sprachen	39:	
40. Bodo Quast / Informatik/EDV	40:	

Geduld ist eine Eigenschaft,
die wir am dringendsten brauchen,
wenn sie uns auszugehen droht.

Anonym

8. Zahlensuche

Bei dieser Aufgabe geht es darum, alle (aus zwei Zeilen bestehende) Zahlenblöcke herauszusuchen, die folgende Bedingungen erfüllen:
obere Zeile: ein Wert von 0,1600 bis 0,3350 und
untere Zeile: ein Wert von > 240.

Beispiel:

A	B	C	D	E	F	G
0,1434	22,4773	0,5540	0,8555	0,2156	0,2320	3,1843
(131)	(140)	(245)	(222)	(450)	(231)	(220)

Lösung: E

Die Lösungen sind entsprechend der Position in das Lösungsschema einzutragen.

Für 40 Aufgaben haben Sie 15 Minuten Zeit.

	A	B	C	D	E	F	G
1.	0,1124 (243)	1,2260 (134)	0,8920 (326)	0,2572 (673)	1,1502 (215)	0,7221 (451)	9,6600 (534)
2.	1,1576 (345)	0,2456 (267)	0,3051 (904)	0,1050 (762)	0,8060 (267)	0,4562 (156)	0,8742 (450)
3.	0,1995 (135)	0,2950 (945)	0,2456 (456)	0,1670 (229)	0,2458 (192)	0,5470 (235)	0,2245 (210)
4.	0,4672 (256)	0,2178 (230)	0,1645 (674)	0,1296 (236)	0,6281 (456)	0,7239 (330)	0,2980 (506)
5.	0,2113 (845)	0,1565 (103)	1,1452 (506)	0,1672 (220)	0,1990 (206)	0,2147 (298)	0,2001 (245)
6.	0,1750 (556)	0,7810 (348)	0,3450 (453)	0,1240 (249)	0,2361 (335)	0,6712 (863)	0,1265 (437)
7.	0,1602 (215)	0,1279 (349)	0,2107 (317)	0,1456 (268)	0,1562 (654)	0,1376 (159)	0,7619 (560)
8.	0,2789 (229)	0,5623 (658)	0,2935 (123)	0,3250 (569)	0,3103 (437)	0,2956 (216)	0,3345 (231)
9.	0,3859 (299)	0,2217 (115)	1,1355 (564)	0,2459 (209)	0,3102 (158)	0,1925 (211)	0,2376 (391)
10.	0,2568 (075)	0,3127 (213)	0,2547 (192)	0,1934 (298)	3,2458 (545)	1,2983 (875)	0,2884 (739)
11.	0,1995 (135)	0,2950 (945)	0,2456 (456)	0,1670 (229)	0,2458 (192)	0,5470 (235)	0,2245 (210)
12.	0,4672 (256)	0,2178 (230)	0,1645 (674)	0,1296 (236)	0,6281 (456)	0,7239 (330)	0,2980 (506)
13.	0,2003 (845)	0,1560 (103)	0,1452 (506)	0,1672 (220)	0,1990 (206)	0,2147 (298)	0,2001 (245)
14.	0,1750 (556)	0,7810 (348)	0,3450 (453)	0,1240 (249)	0,2361 (335)	0,6712 (863)	0,1265 (437)
15.	0,1708 (125)	0,1279 (349)	0,2107 (317)	0,1456 (268)	0,1562 (654)	0,1376 (159)	0,7619 (560)

Lösungsschema mit der Lösung der ersten Aufgabe:

	A	B	C	D	E	F	G
1.	○	○	○	○	○	○	○
2.	○	○	○	○	○	○	○
3.	○	○	○	○	○	○	○
4.	○	○	○	○	○	○	○
5.	○	○	○	○	○	○	○
6.	○	○	○	○	○	○	○
7.	○	○	○	○	○	○	○
8.	○	○	○	○	○	○	○
9.	○	○	○	○	○	○	○
10.	○	○	○	○	○	○	○
11.	○	○	○	○	○	○	○
12.	○	○	○	○	○	○	○
13.	○	○	○	○	○	○	○
14.	○	○	○	○	○	○	○
15.	○	○	○	○	○	○	○

	A	B	C	D	E	F	G
16.	0,2789 (229)	0,5623 (658)	0,2935 (123)	0,3250 (569)	0,3103 (437)	0,2956 (216)	0,3345 (231)
17.	0,3456 (298)	0,3210 (215)	1,2354 (514)	0,2557 (219)	0,3232 (168)	0,1445 (215)	0,2571 (341)
18.	0,2568 (175)	0,3127 (213)	0,2547 (192)	0,1934 (298)	3,2458 (545)	1,2983 (875)	0,2884 (739)
19.	0,1111 (240)	2,7878 (239)	1,7878 (676)	0,0001 (141)	0,2121 (889)	0,8988 (545)	0,1454 (666)
20.	0,1711 (241)	3,7878 (229)	0,7878 (626)	1,0001 (121)	2,2121 (882)	0,8288 (525)	0,1464 (666)
21.	0,7406 (222)	0,6479 (376)	1,7949 (164)	0,2524 (172)	0,1949 (387)	0,9915 (375)	5,0023 (238)
22.	0,6824 (234)	0,0029 (175)	0,6211 (305)	0,2963 (152)	0,1594 (175)	0,2986 (250)	0,5271 (156)
23.	0,1151 (100)	0,5922 (240)	0,6820 (238)	0,1617 (257)	0,2572 (403)	0,4749 (392)	0,4797 (425)
24.	0,8881 (125)	0,5004 (200)	0,6719 (210)	0,7589 (357)	0,8458 (327)	0,1690 (400)	0,7278 (453)
25.	0,1791 (324)	2,2723 (469)	0,2255 (446)	0,0811 (114)	0,0314 (212)	0,8215 (197)	0,0088 (221)
26.	0,1583 (482)	0,8626 (220)	0,0199 (398)	0,2524 (162)	0,1983 (416)	0,3264 (234)	0,1601 (358)
27.	0,1666 (309)	0,9082 (385)	0,3902 (205)	0,8873 (203)	4,7784 (197)	0,7161 (190)	0,7446 (190)
28.	0,2611 (188)	0,2011 (327)	0,3154 (276)	0,1924 (152)	0,9114 (255)	0,8450 (284)	0,2392 (342)
29.	0,3566 (387)	0,6855 (480)	1,2150 (141)	0,2452 (361)	2,5737 (308)	0,7379 (124)	0,5951 (124)
30.	0,7328 (300)	0,4054 (293)	0,3332 (259)	0,0915 (370)	0,2771 (218)	3,3750 (270)	0,6459 (394)

	A	B	C	D	E	F	G
16.	○	○	○	○	○	○	○
17.	○	○	○	○	○	○	○
18.	○	○	○	○	○	○	○
19.	○	○	○	○	○	○	○
20.	○	○	○	○	○	○	○
21.	○	○	○	○	○	○	○
22.	○	○	○	○	○	○	○
23.	○	○	○	○	○	○	○
24.	○	○	○	○	○	○	○
25.	○	○	○	○	○	○	○
26.	○	○	○	○	○	○	○
27.	○	○	○	○	○	○	○
28.	○	○	○	○	○	○	○
29.	○	○	○	○	○	○	○
30.	○	○	○	○	○	○	○

	A	B	C	D	E	F	G
31.	0,8072 (470)	0,3074 (250)	0,4247 (352)	0,2882 (247)	0,7451 (338)	0,4245 (205)	0,3537 (240)
32.	4,5885 (145)	0,7168 (131)	0,7387 (331)	0,2715 (400)	0,7390 (482)	0,8791 (134)	0,8940 (325)
33.	0,2368 (354)	3,6736 (332)	0,6140 (350)	0,1895 (257)	0,4643 (296)	0,0943 (370)	0,3172 (175)
34.	0,1966 (313)	0,4020 (433)	0,1521 (165)	0,4486 (184)	0,7404 (415)	0,8336 (140)	0,2775 (331)
35.	0,3049 (268)	0,5876 (314)	1,8297 (294)	0,2063 (167)	0,6952 (261)	0,6050 (220)	0,3168 (473)
36.	5,4061 (445)	0,3194 (392)	0,5234 (295)	0,3401 (350)	0,3918 (330)	0,2373 (260)	0,8826 (236)
37.	0,5026 (392)	2,2606 (465)	0,4955 (353)	0,1912 (248)	0,7025 (200)	0,4958 (363)	0,2147 (306)
38.	0,1896 (252)	0,7168 (400)	3,3850 (203)	0,4044 (436)	0,7243 (475)	0,2260 (103)	0,3281 (300)
39.	0,2387 (326)	0,8719 (481)	0,8722 (400)	4,3870 (334)	0,7704 (117)	0,1285 (330)	0,4564 (225)
40.	0,7092 (292)	0,1892 (160)	0,5267 (195)	0,2825 (409)	0,1684 (173)	0,2653 (164)	0,3839 (212)

	A	B	C	D	E	F	G
31.	○	○	○	○	○	○	○
32.	○	○	○	○	○	○	○
33.	○	○	○	○	○	○	○
34.	○	○	○	○	○	○	○
35.	○	○	○	○	○	○	○
36.	○	○	○	○	○	○	○
37.	○	○	○	○	○	○	○
38.	○	○	○	○	○	○	○
39.	○	○	○	○	○	○	○
40.	○	○	○	○	○	○	○

9. Gesichter beobachten

Schauen Sie sich doch bitte einmal die folgenden drei Beispielaufgaben mit jeweils drei Gesichtern genau an. Zwei der drei Gesichter sind gleich, das dritte unterscheidet sich von den beiden anderen deutlich.

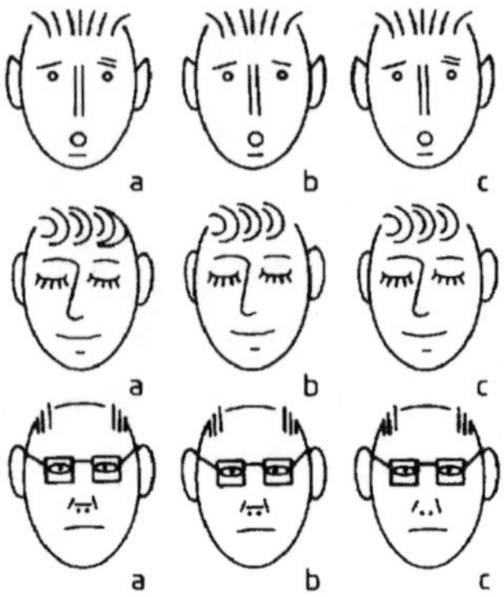

Lösung: b (Augenbraue), a (Haar), c (Nase).

Beachten Sie bitte, daß das gesuchte Gesicht sich von den anderen beiden deutlich unterscheiden muß. Etwas wurde verändert, hinzugefügt oder weggelassen. Minimale Unterschiede in der Zeichnung (z.B. Strichlänge oder Form) haben keine Bedeutung.

Für die folgenden 80 Aufgaben haben Sie 12 Minuten Zeit.

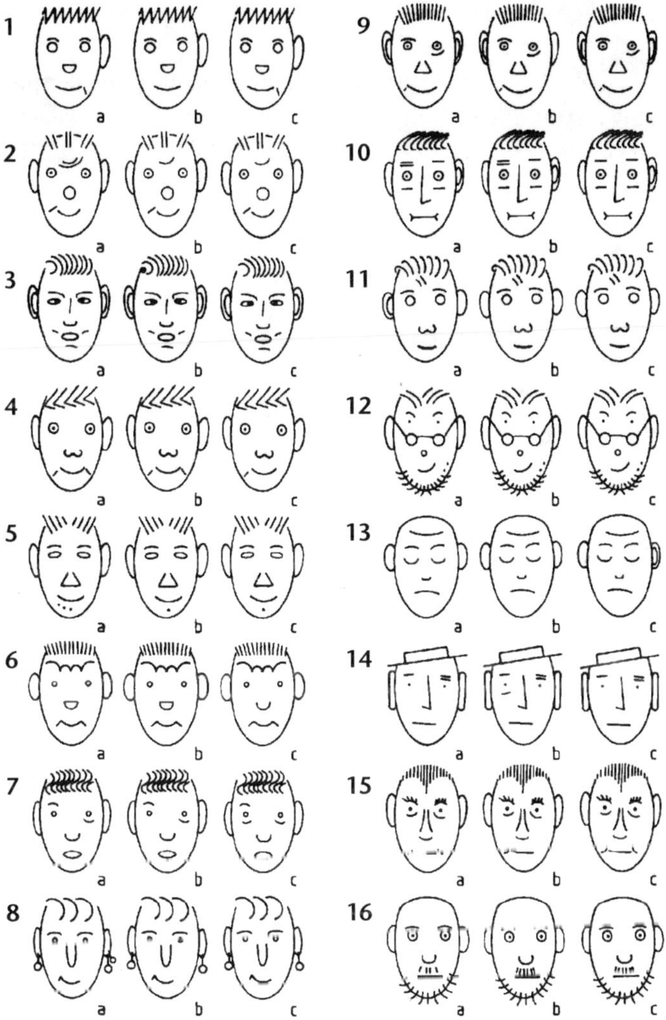
1
a b c
2
a b c
3
a b c
4
a b c
5
a b c
6
a b c
7
a b c
8
a b c
9
a b c
10
a b c
11
a b c
12
a b c
13
a b c
14
a b c
15
a b c
16
a b c

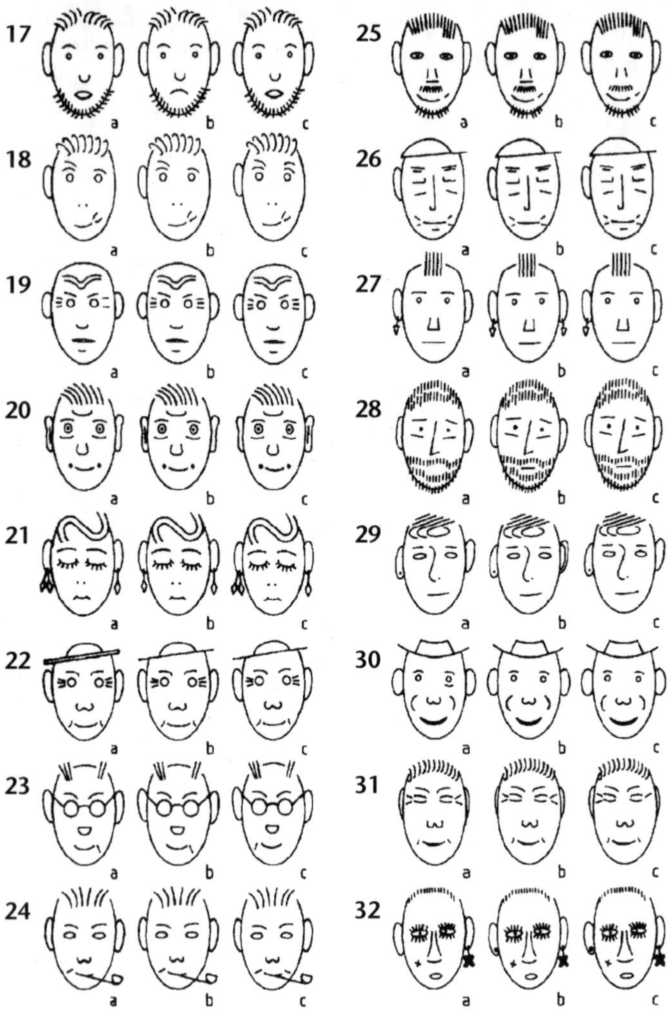
17 a b c
18 a b c
19 a b c
20 a b c
21 a b c
22 a b c
23 a b c
24 a b c
25 a b c
26 a b c
27 a b c
28 a b c
29 a b c
30 a b c
31 a b c
32 a b c

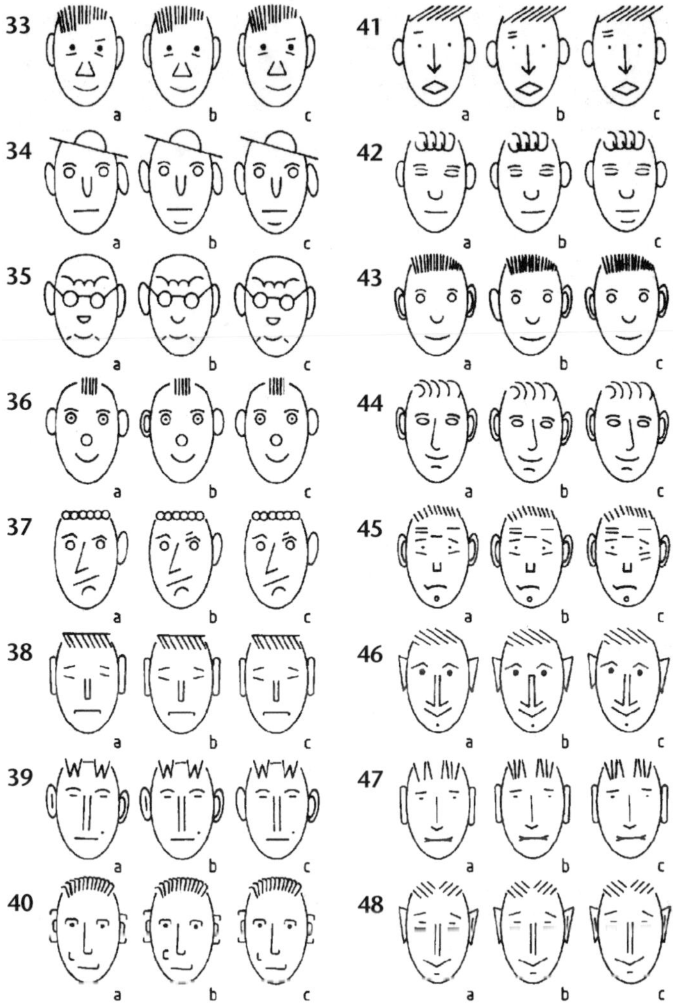
33 a b c
34 a b c
35 a b c
36 a b c
37 a b c
38 a b c
39 a b c
40 a b c
41 a b c
42 a b c
43 a b c
44 a b c
45 a b c
46 a b c
47 a b c
48 a b c

49
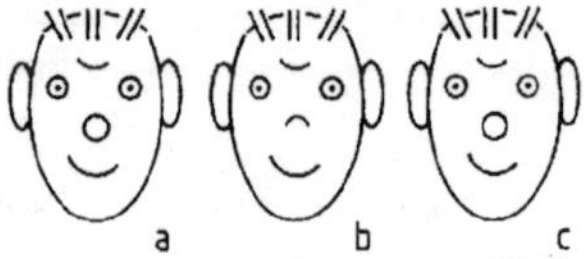

50
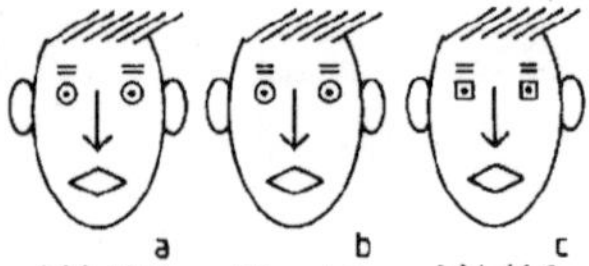

51
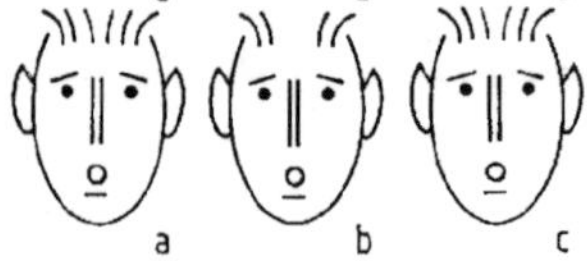

52
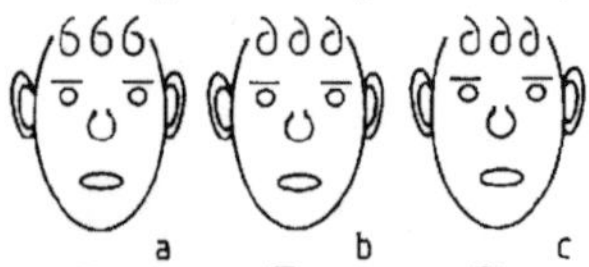

53
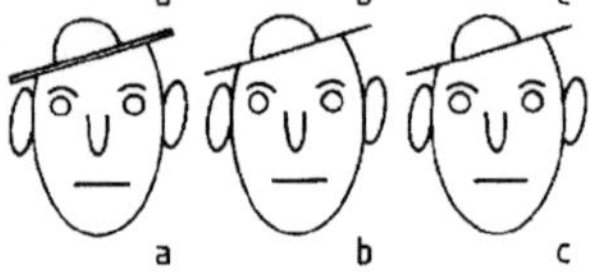

54
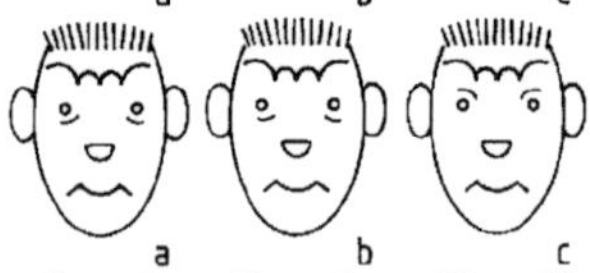

55
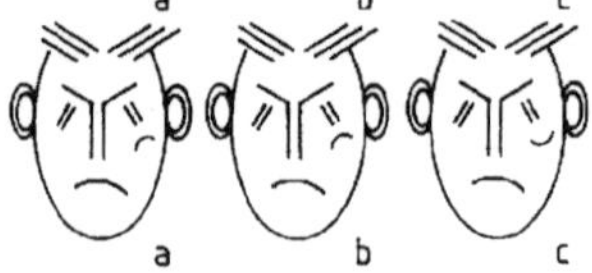

56
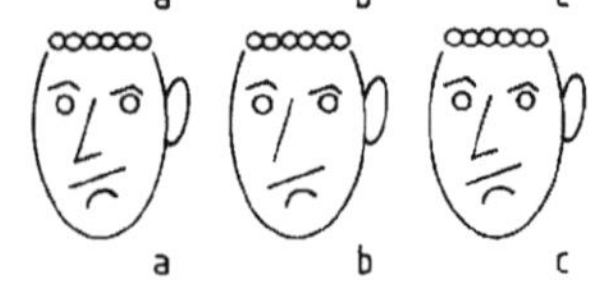

57
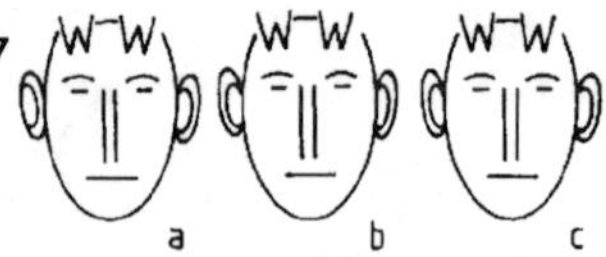

58
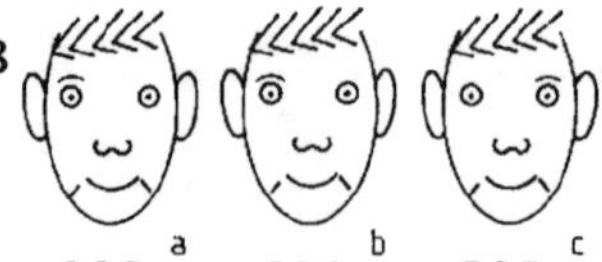

59
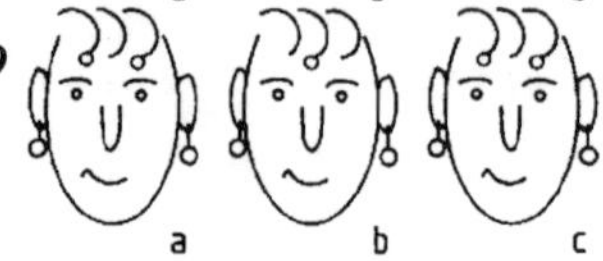

60
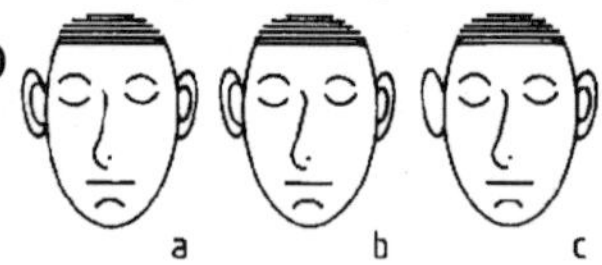

61
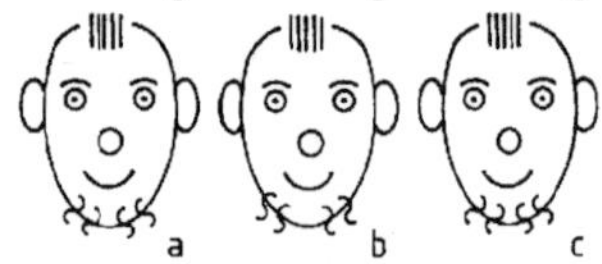

62
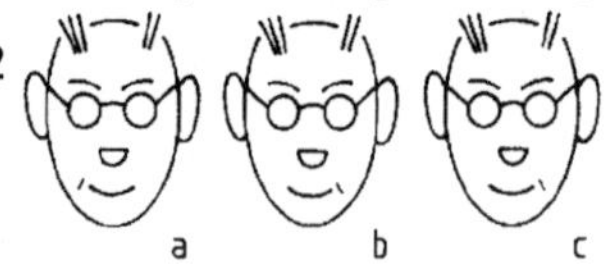

63
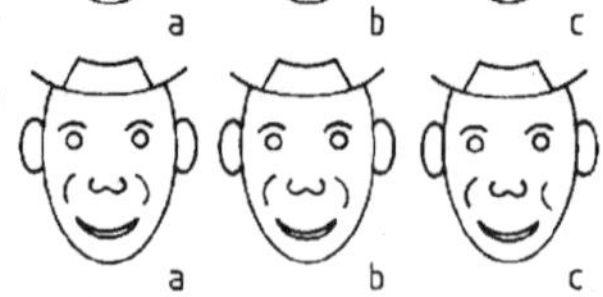

64

65

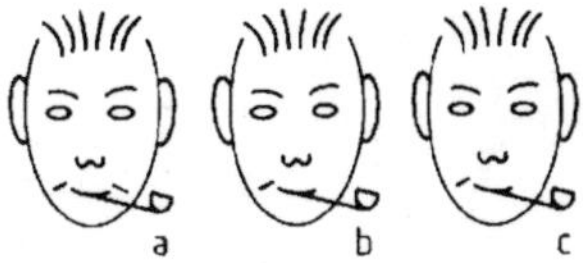

66

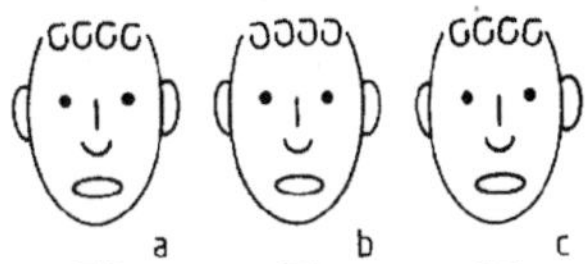

67

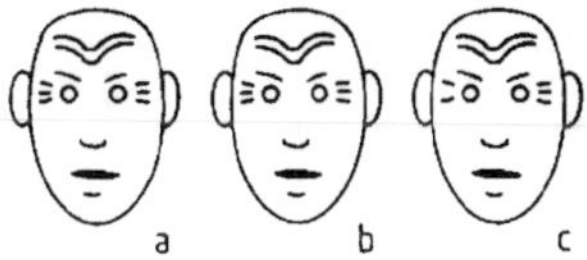

68

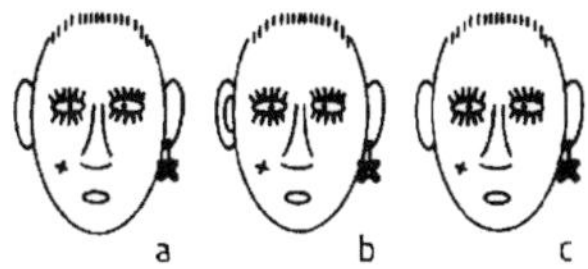

69

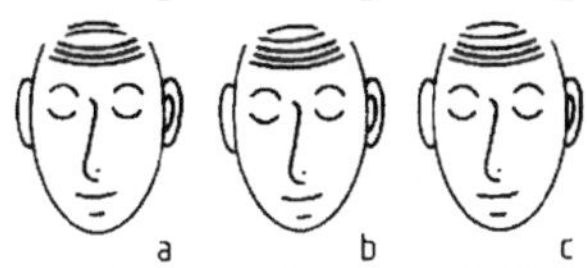

70

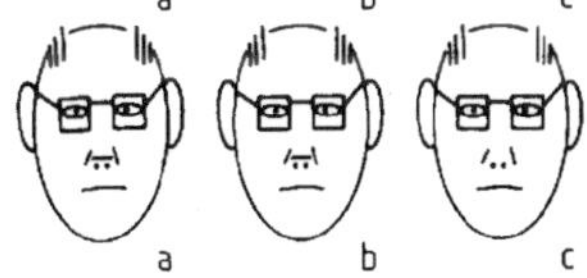

71

72

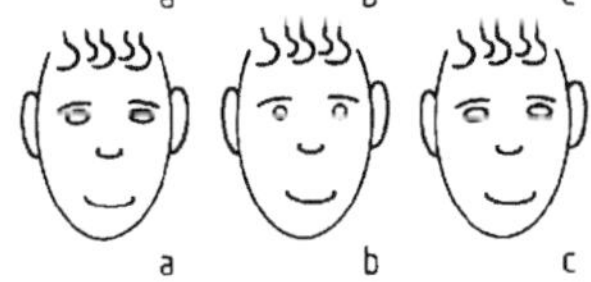

73

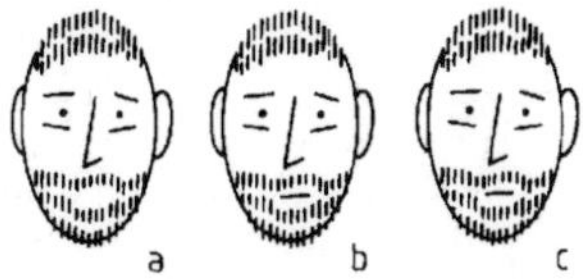

74

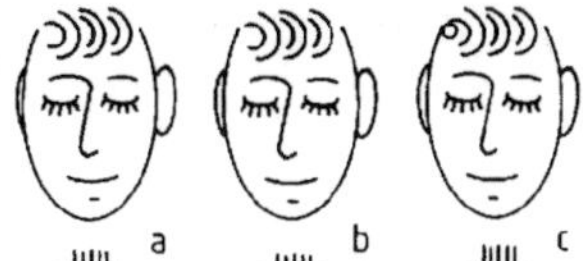

75

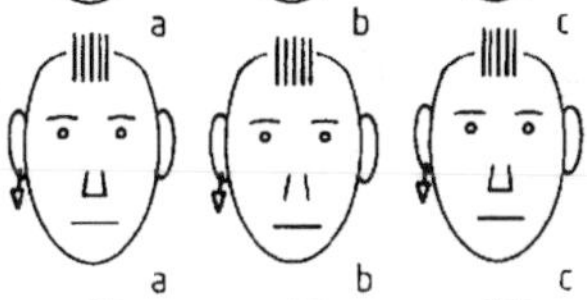

76

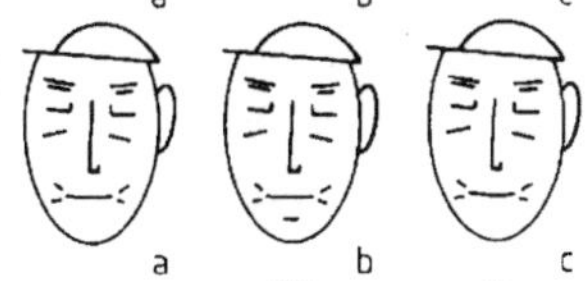

77

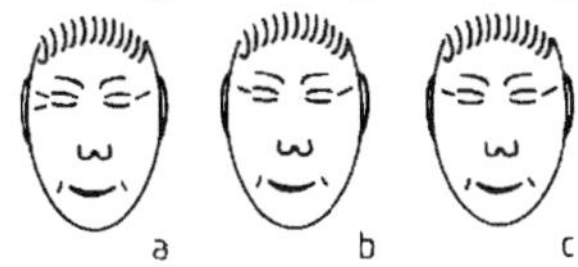

78

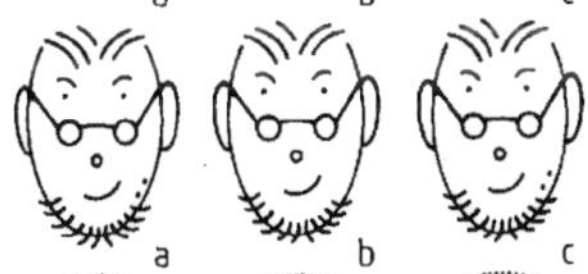

79

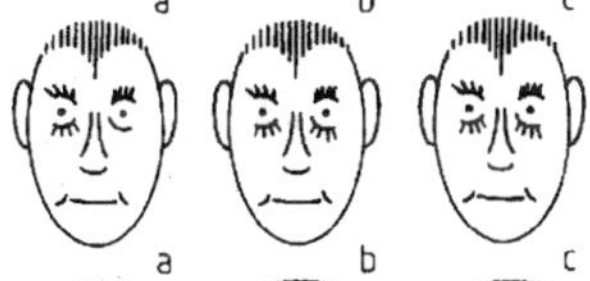

80

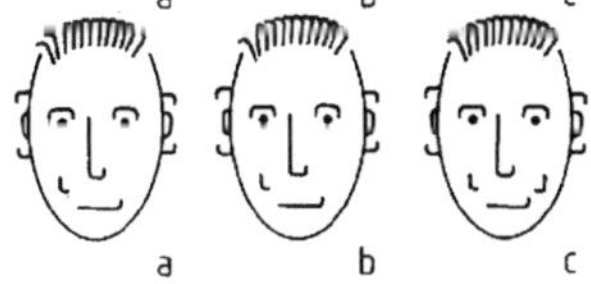

10. Zahlen/Buchstaben-Tabelle

Hier geht es um die Koordination von Zahlen und Buchstaben. Bei einigen Arbeitgebern kommt diese Art von Aufgaben auch mündlich oder vom Tonband.

Eine Beispielaufgabe:

Welche Zahl ist für 1A einzusetzen?
(siehe Seite 55)

Lösung: 6

Für die folgenden 225 Aufgaben haben Sie 35 Minuten Zeit.

	AJKL	VWXB	ZCHM	GFDR	YSTQ	IOPN
1	6542	2324	7890	6589	4354	4652
2	4454	1234	8890	9058	3452	5895
3	4763	4783	1795	1919	1831	3675
4	0945	4316	0278	7865	5895	4278
5	7453	7541	4570	4793	4810	5335
6	0321	6792	6490	4745	8978	2893
7	1235	8659	1234	2639	4532	1985
8	6643	9836	2179	9999	4527	3456
9	0934	3543	6378	1891	1903	3654
10	5184	2724	7870	6579	4854	2975
11	4454	1234	8890	9058	3452	2653
12	4663	4383	1793	1913	1331	3967
13	0945	4316	0278	7865	5895	6745
14	7453	7541	4570	4793	4810	0876
15	0321	6792	6490	4745	8978	2590
16	1235	8659	1234	2639	4532	5784
17	6643	9836	2179	9999	4527	2678
18	0934	3543	6378	1891	1903	1456
19	5224	2324	7890	6589	4354	3789
20	1235	8659	1234	2639	4532	4567
21	4597	7865	7541	4570	0945	4316
22	4890	4793	3481	0518	4730	1548
23	0593	5197	3467	4287	3791	0579
24	1451	3461	0915	3492	4831	9043
25	8659	1234	1913	1331	0321	6792
26	1234	2639	6643	9836	6378	1891
27	6378	1891	7865	5895	0945	4316
28	5895	4278	0934	3543	2324	7890
29	6490	1234	4532	6643	9836	2179
30	0278	7865	6378	0321	6792	0945
31	3467	4287	3543	4454	1234	3791
32	1903	3654	4383	1793	1913	0593
33	2639	4532	0278	7865	4793	5895
34	8978	0915	3492	1331	7865	7541
35	8890	9058	0945	4316	4793	3481
36	3452	5895	2724	7870	4663	4383
37	1234	0089	1213	8890	9058	8088
38	8791	3402	0233	4544	3468	3231
39	3421	9461	3059	7513	4672	3122
40	9764	3461	4680	4300	7649	4391

1K = 4	1H = 9	5X = 4	C5 = ?	A7 = ?
O2 =	1V =	3K =	9Z =	X9 =
W8 =	N12 =	2M =	L5 =	Z19 =
B5 =	4H =	L1 =	12Z =	19H =
5L =	J7 =	C1 =	I18 =	8R =
M20 =	13S =	2N =	4Q =	P20 =
6G =	3F =	3R =	14Y =	2T =
L17 =	18C =	4D =	3X =	5Y =
1Q =	V13 =	13J =	4B =	5R =
9S =	G8 =	B2 =	5J =	3W =
4L =	7Q =	13K =	Z11 =	5T =
8R =	17X =	9D =	1Y =	I4 =
F33 =	T38 =	27P =	22D =	Z21 =
C16 =	31M =	24W =	35H =	Y37 =
D33 =	28X =	33T =	29O =	F39 =
13B =	G15 =	22X =	28S =	34Q =
37N =	9W =	14J =	28F =	32D =
37W=	H34 =	K25 =	18B =	I24 =
26X =	31O =	25C =	23P =	40H =
36F =	V39 =	4D =	15K =	30S =
24Y =	21J =	H25 =	15X =	33I =
24F =	28W =	36G =	39Q =	R31 =
T34 =	H37 =	X32 =	K27 =	33X =

29F =	27X =	32H =	D37 =	T18 =
N19 =	16W =	14K =	30F =	26J =
I19=	28P =	29W =	32D =	4Z =
30C =	27J =	37F =	C31 =	Y34 =
26L =	21K =	F28 =	S32 =	26O =
24R =	19X =	16T =	12K =	38S =
D39 =	35K =	Z37 =	S35 =	H29 =
T26 =	M20 =	Q27 =	D35 =	31P =
22K =	37P =	25I =	34D =	29J =
18C =	Y25 =	31O =	22F =	17P =
27T =	32F =	40S =	W39 =	B31 =
J28=	A24 =	17K =	R23 =	T26 =
30P =	23N =	16Q =	29Y =	K24 =
40F =	X31 =	23K =	C22 =	31I =
24X =	M26 =	R30 =	37G =	B40 =
C11 =	D19 =	T26 =	Q34 =	39P =
37A =	31X =	H27 =	D31 =	34I =
Y28 =	C25 =	W19 =	S23 =	N28 =
P25 =	C21 =	25W =	D31 =	S19 =
K23 =	J28 =	40I –	39II =	L28 =
F24 =	29S =	34B =	Y38 =	V23 =
P20 =	19F =	X22 =	S26 =	H24 =

Intelligenz ist die Fähigkeit,
seine Umwelt zu akzeptieren.

William Faulkner

11. Listenüberprüfung

Ihnen wird eine Original-Artikelliste eines Damenoberbekleidungsgeschäftes und deren Abschrift vorgelegt. Ihre Aufgabe ist es, die Abschrift mit dem Original zu vergleichen. Alle Fehler sind zu unterstreichen und pro Abschriftzeile insgesamt auszuzählen.

Beispiele:

Original

Artikel	Größe	Bestellnr.	Lieferbar	F
Rock mit Nadelstreifen in Patch-Optik	34-46	254473	in 3 Wochen	
Ledergürtel mit attraktiver Schließe	70-100	285448	sofort	

Abschrift

Artikel	Größe	Bestellnr.	Lieferbar	F
Rock mit Nadelstreifen in Patch-Opptik	34-46	254473	in 3 Wochen	
Ledergürtel mit attraktive Schließe	70-100	285548	sofort	

Lösung

Artikel	Größe	Bestellnr.	Lieferbar	F
Rock mit Nadelstreifen in Patch-Opptik	34-46	254473	in 3 Wochen	1
Ledergürtel mit attraktive_ Schließe	70-100	285548	sofort	2

Für die folgende Artikelliste haben Sie 25 Minuten Zeit.

Original

Artikel	Größe	Bestellnr.	Lieferbar	F
Nadelstreifen-Blazer	34-46	224878	in 3 Wochen	
Hose mit Nadelstreifen	34-46	420651	sofort	
Schnürpumps in Antikoptik	36-42	322672	sofort	
Schnürpumps in Antikoptik	36-42	70567	in 3 Wochen	
Bluse aus zweifarbigem Gewebe	34-46	144492	in 3 Wochen	
Rollkragen-Pullover mit Halbarm	32-46	160217	in 3 Wochen	
Hose mit Nadelstreifen	34-46	99343	in 3 Wochen	
Rock mit Nadelstreifen in Patch-Optik	34-46	254473	in 3 Wochen	
Ledergürtel mit attraktiver Schließe	70-100	285448	sofort	
Weste im Trachtenlook	34-48	491159	sofort	
Trachtenbluse, aufwendig verarbeitet	34-48	439911	sofort	
Trachtenrock mit Seitenschlitzen	34-48	476259	sofort	
Schoppersocken	35-42	445191	sofort	
Miedergürtel aus Glattleder	70-100	327930	sofort	
Trekkingstiefelette aus Veloursleder	36-42	208566	in 3 Wochen	
Karo-Hemdbluse mit Stickerei	34-48	429882	sofort	
Trachtenhose mit Gürtelschlaufen	34-48	480629	sofort	
Janker aus kuschelweichem Material	34-48	361592	sofort	
Gürtel aus Veloursleder	70-100	296837	sofort	
Rollkragenpullover, in legerer Form	34-50	338638	sofort	
Karo-Hemdbluse mit Stickerei	34-48	365471	sofort	
Karo-Hemdbluse mit Stickerei	34-48	398228	sofort	
Janker aus kuschelweichem Material	34-48	102839	in 3 Wochen	
Trachtenhose mit Gürtelschlaufen	34-48	87842	in 3 Wochen	
Bluse mit Spitze	34-44	305378	sofort	
Blazer in Fischgratoptik	34-48	218443	in 3 Wochen	
Hose in Fischgratmuster	34-48	438700	sofort	
Bluse mit Spitze	34-44	492373	sofort	
Rock mit Fischgratmuster	34-48	204135	in 3 Wochen	
Jacquard-Pullover mit Stehkragen	32-50	418467	sofort	
Hose in Fischgratmuster	34-48	370853	sofort	

Abschrift

Artikel	Größe	Bestellnr.	Lieferbar	F
Nadelstreifen-Blazer	34-46	214878	in 3 Wochen	
Hosen mit Nadestreifen	34-46	420651	sofort	
Schnürpömps in Antikoptik	36-42	322672	sofot	
Schnürpumps in Antikoptik	36-42	705670	in 3 Wochen	
Bluse aus zweifabigem Gewebe	34-42	144442	in 3 Wochen	
Rolllkragen-Pullover mit Halbarm	32-46	160217	in 3 Woohen	
Hose mit Nadelstreifen	34-46	999343	in 3 Wochen	
Rock mit Nadelstreifen in Patsch-Optik	34-46	254473	in 3 Wochen	
Ledergürtel mit attraktiver Schleiße	70-110	285448	sofort	
Weste im Trachtenlock	34-48	491159	sofort	
Trachtenbluse, aufwenig verarbeitet	34-46	439911	sofort	
Trachtenrock mit Seitenschlietzen	34-48	476229	sofort	
Schopperssocken	35-42	445191	sofort	
Miedergürtel aus Glatzleder	70-100	37930	sofort	
Trekkingsstiefelette aus Velursleder	36-46	208556	in 3 Wochen	
KaroHemdbluse mit Stickerei	34-46	429882	sofo t	
Trachtenhose mit Gürtelschaufen	34-48	480629	sofort	
Janker aus kuschelweichem Material	34-48	361692	sofort	
Gürtel aus Veloursreder	70-100	296887	sofort	
Rollkragenpullover, in legerrer Form	34-40	338668	sofort	
Karo-Hemdbluse mit Sticker i	34-40	365471	sofort	
Karo-Hemdbluse mit Stickerei	34-48	398288	sofort	
Janker aus kuschelweichem Materal	34-48	112839	in 3 Wochen	
Trachtenlose mit Gürtelschlaufen	34-46	187842	in 3 Wochen	
Bluse mit Spitzen	34-46	305576	sofort	
Blazer in Frischgratoptik	34-48	218443	in 3 Woch n	
Hose in Flschgiatmuster	34-48	43870	sofort	
Bluse mit Spritze	34-44	492373	sofort	
Rock mit Fischgratmusster	34-46	204105	in 3 Wochen	
Jacquard-Pullover mit Stehkragen	32-50	418467	sofort	
Hose in Fischgratmuster	34-48	370853	sofort	

Original

Artikel	Größe	Bestellnr.	Lieferbar	F
Sweatshirt aus Frottee	36-42	252040	in 3 Wochen	
Freizeitschuh im Materialmix	36-42	386280	sofort	
Sweatshirt mit Kapuze	36-44	258682	in 3 Wochen	
Freizeitschuh im Materialmix	36-42	119911	in 3 Wochen	
Schoppersocken	35-42	255999	in 3 Wochen	
Jacke aus Lederimitat	32-44	269362	in 3 Wochen	
Hose mit Schlag	32-44	9410	in 3 Wochen	
Shirt mit Polokragen	32-44	18058	in 3 Wochen	
Pumps in Antik-Optik	36-42	325991	sofort	
Shirt mit Polokragen	32-44	168037	in 3 Wochen	
Hose mit aufgesetzten Taschen	32-46	394956	sofort	
Tasche aus Lacksynthetik	-alle-	472634	sofort	
Pullover mit Jacquardbordüre	32-42	455688	sofort	
Karorock mit kleinen Taschen	32-44	418186	sofort	
Jacke aus Lederimitat	32-44	106680	in 3 Wochen	
Hose mit Schlag	32-44	312317	sofort	
Pullover mit Jacquardmuster	32-50	371402	sofort	
Hose in moderner Schlupfform	32-46	142099	in 3 Wochen	
Strickjacke mit Polokragen	32-42	156132	in 3 Wochen	
Pullover mit Stehkragen	32-42	481185	sofort	
Hose in moderner Schlupfform	32-46	321358	sofort	
Bluse aus weichem Jersey	32-44	161394	in 3 Wochen	
Rollkragenpullover mit Rippenstruktur	32-46	151570	in 3 Wochen	
Strickjacke in kastiger Form	32-46	169939	in 3 Wochen	
Rock mit Schlitz, K-Gr.	16-21	81459	in 3 Wochen	
Rock mit Schlitz, N-Gr.	32-46	109649	in 3 Wochen	
Ring-Set (2tlg.)	17-19	313839	sofort	
Shorts mit Fischgratmuster	32-42	314193	sofort	
Weste im Fischgratdessin	32-44	293903	sofort	
Hüfthose im Fischgratdessin	32-44	30702	in 3 Wochen	
Wickelrock, kurz und peppig	32-44	129303	in 3 Wochen	

Abschrift

Artikel	Größe	Bestellnr.	Lieferbar	F
Swaetshirt aus Frottee	36-42	252040	in 3 Wochen	
Freizeitschuh im Materialmix	36-42	386280	sofort	
Sweatshirt mit Krapuze	36-44	258682	in 3 Wochen	
Freizeitschuh im Materialmix	36-42	119911	in 3 Wochen	
Schopperstocken	35-42	255599	in 3 Wochen	
Jacke aus Lederimtat	32-44	269362	in 3 Wochen	
Hose mit Schlag	32-44	94510	in 3 Wochen	
Shirt mit Prolokragen	32-44	148058	in 3 Wochen	
Pumps in Antik-Optik	36-42	325991	sofort	
Shirt mit Polokragen	32-46	16837	in 3 Wochen	
Hose mit aufgesetzen Taschen	32-46	394956	sofort	
Tasche aus Lachsynthetik	-alle-	452634	sofort	
Pullover mit Jacpuardbordüre	32-42	455688	sofort	
Karorock mit keinen Taschen	32-45	41886	sofort	
Jacken aus Lederimitat	32-44	16680	in 3 Wochen	
Hose mit Schlag	32-44	312317	sofort	
Pullover mit Jacquardmunster	32-40	371402	sofort	
Hose in moderner Schlupform	32-46	142099	in 3 Wochen	
Stricksacke mit Polokrogen	32-42	156432	in 3 Wochen	
Pullover mit Sehkragen	32-42	481185	sofort	
Hose in moderner Schlupfnorm	32-42	321338	sofort	
Blusen aus weichen Jursey	32-44	161394	in 3 Woohen	
Rollkragenpullover mit Rippenstruktur	32-46	151570	in 3 Wochen	
Strickjacke in hastiger Form	32-46	169939	in 3 Wochen	
Rock mit Schlitzn, K-Gr.	16-27	81459	in 3 Wochen	
Rock mit Schlitz, N-Gr.	34-46	119649	in 3 Wochen	
Ring-Set (21tlg.)	17-19	318839	sofort	
Shirts mit Fischgratmuster	32-42	314193	sofort	
Westen im Fischgratdessin	32-42	29903	sofort	
Hüftlose im Fischgratdessin	32-44	30702	in 3 Wochen	
Wickelrock, kurt und peppig	32-46	129303	in 3 Wochen	

Original

Artikel	Größe	Bestellnr.	Lieferbar	F
Bluse, samtweich	32-46	487040	sofort	
Rock mit Blumendruck	32-46	330054	sofort	
Etui-Kleid im Fischgratdessin	32-42	65158	in 3 Wochen	
Pumps in schöner Antik-Optik	36-42	18354	in 3 Wochen	
Rock mit Super-Druckdessin	36-42	355443	sofort	
Bluse in Tunika-Form	32-44	407085	sofort	
Hose in neuer Schlupfform	32-42	85301	in 3 Wochen	
Hemdbluse, schmal geschnitten	332-44	349012	sofort	
Hose in Schlupfform mit Schlag	36-40	250045	in 3 Wochen	
Stiefelette mit Blockabsatz	36-41	293851	sofort	
Pullover aus Bouclégarn, A-Form	32-50	20432	in 3 Wochen	
Bluse aus Satin, eng tailliert	34-48	265307	in 3 Wochen	
Kleid aus samtweichem Velvet	32-42	190013	in 3 Wochen	
Hüfthose mit leichtem Schlag	32-44	227207	in 3 Wochen	
Hose aus Velvetstoff	32-44	10461	in 3 Wochen	
Gürtel aus Synthetik	70-100	339577	sofort	
Weste aus Velvetstoff, tailliert	32-44	87311	in 3 Wochen	
Stiefelette mit Plateausohle	36-42	83926	in 3 Wochen	
Jacke in schmaler Blazer-Form	32-46	339769	sofort	
Bluse aus weichem Jersey	32-44	481156	sofort	
Hüfthose aus weichem Jersey	32-44	35035	in 3 Wochen	
Bluse in enganliegender Form	32-44	181409	in 3 Wochen	

Abschrift

Artikel	Größe	Bestellnr.	Lieferbar	F
Buse, samtweich	32-46	487040	sofort	
Rock mit Blumenduck	32-46	339054	sofort	
Etui-Kleid im Fischgratdesssin	32-42	651258	in 3 Wochen	
Pump in schöner Antik-Optik	36-42	18354	in 2 Wochen	
Rock mit Supen-Druckdessin	36-42	355443	sofort	
Bluse in Tonika-Form	32-44	407985	sofort	
Hose in neuer Schluppform	32-42	853010	in 3 Wochen	
Hemdbluse, schnal geschnitten	332-44	349012	sofort	
Hose in Schlupfform mit Schlag	36-40	250045	in 3 Wochen	
Stieffelette mit Blackabsatz	36-40	293351	sofort	
Pullover aus Bouclegarn, H-Form	32-50	20432	in 3 Wochen	
Bluse aus Satin, enge tailliert	34-44	265307	in 3 Wochen	
Kleid aus samtweichem Vellvet	34-42	190813	in 3 Wochen	
Hüfthose mit leichem Schlag	32-44	227207	in 3 Wochen	
Hosen aus Velvetstoff	32-44	10461	in 3 Wochen	
Gürtel aus Syntetik	70-100	33577	sofort	
Weste aus Velvetstoff, tailiert	32-44	873511	in 3 Wochen	
Stiefelette mit Plataeusohle	36-42	83926	in 3 Wochen	
Jacket in schmaler Blazer-Form	32-42	33979	sofort	
Blase aus weichem Jersey	32-44	48156	sofort	
Hüfthose aus weichtem Jersey	32-44	35035	in 3 Wochen	
Bluse in engenliegender Form	32-42	181409	in 3 Wochen	

12. Schätzaufgaben

Bei den folgenden Rechenaufgaben geht es eher um die Auffassungs-Geschwindigkeit bei der Abschätzung der wahrscheinlich richtigen Lösung als um die wirkliche Rechenfähigkeit. Für 18 Aufgaben haben Sie 10 Minuten Zeit.

A

411 x 511 + 25302 =

a) 235 323
b) 255 401
c) 300 425
d) 195 798

B

50384 x 695 =

a) 87 543 218
b) 55 437 158
c) 35 016 880
d) 12 384 758

C

199^2 =

a) 39 981
b) 40 001
c) 39 681
d) 39 601

D

49 371 x 7 =

a) 350 167
b) 345 598
c) 335 698
d) 345 597

E

48 190 x 12,5 =

a) 581 900
b) 578 280
c) 602 375
d) 601 901

F

3 574 158 : 1/2 =

a) 1 787 079
b) 7 148 316
c) 1 780 018
d) 6 985 079

G

11 1/2 % von 9755

a) 998,745
b) 1320,505
c) 100,925
d) 1121,825

H

7,5 % von 1115

a) 83,625
b) 79,123
c) 81,013
d) 90,785

I

25302 : 2,25 =

a) 12 651,058
b) 11 245,333
c) 11 000,869
d) 12 238,343

J

684 x 39838 =

a) 25 886 732
b) 23 362 776
c) 27 249 192
d) 28 292 395

K

17,2 x 4^3 =

a) 1100,8
b) 1264,0
c) 1025,5
d) 1125,8

L

2446 : 12^2 =

a) 20,004
b) 16,986
c) 18,736
d) 16,024

M

48 970 x 348 =

a) 17 041 560
b) 15 821 216
c) 18 005 640
d) 16 042 600

N

7 248 + 23,5 x 17 =

a) 123 152,8
b) 123 615,5
c) 123 427,5
d) 123 985,9

O

23,75 % von 6555,75

a) 1 998,75
b) 1 320,55
c) 1 008,95
d) 1 556,99

P

$7{,}5^2$ x 1 025 =

a) 57 656,25
b) 79 123,45
c) 82 013,50
d) 69 775,75

Q

18 790 : 1,5 x 975 =

a) 12 127 425
b) 13 205 025
c) 12 213 499
d) 14 248 725

R

19,35 % von 215,45

a) 39,885
b) 39,927
c) 40,085
d) 41,689

13. Post, Porto und Tarife

Von Hamburg aus, dem Tor zur Welt, sind verschiedene Postsachen (Briefe, Telegramme, Pakete) zu verschicken. Ihre Aufgabe besteht darin, die Post- bzw. Frachtgebühr anhand von Tabellen zu ermitteln. Durch unterschiedliche Beförderungsarten (z.B. Eilzustellung) wird alles etwas schwieriger. Hinzu kommt noch, daß gerade dann, wenn Sie an die Arbeit gehen wollen, eine Tarifänderung in's Haus steht. Aber sehen Sie selbst:

Beförderungsgegenstände

Drucksache	1
Postkarte	2
Brief	3
Telegramm	4
Päckchen (bis 2000 g)	5
Paket (bis 5000 g)	6
(über 5 kg – 10 kg)	7
(über 10 kg – 15 kg)	8

Bestimmungsorte

x km von Hamburg aus	
A	10
B	20
C	50
D	100
E	150
F	180
G	200
H	400
I	900
J	1000
K	1500
L	2500

Beförderungsart / Zuschläge

Einschreiben	5
Luftpost	3
Eilzustellung	5
Auslandszuschlag	4
Versicherungszuschlag bei Wertsachen	8

Kilometer-Tarife

Entfernung		Tarifwert
0 – 10	km	1
11 – 50	km	2
51 – 100	km	3
101 – 500	km	4
501 – 1000	km	5
über 1000	km	6

Tarife

Tarifwerte	Gebühreneinheit (GE) bis 31.12.	Gebühreneinheit (GE) ab 1.1.
1	0,50	0,70
2	0,90	1,00
3	1,20	1,50
4	2,20	2,50
5	2,50	2,80
6	3,00	3,40
7	3,50	3,90
8	4,00	4,50
9	4,70	5,00
10	5,10	5,60
11	5,90	6,10
12	6,80	7,10
13	7,50	7,90
14	8,10	8,50
15	8,90	9,70
16	10,00	10,40
17	10,50	10,80
18	12,50	13,00
19	15,00	18,00
20	18,50	18,90
21	19,20	19,60
22	20,40	20,90
23	21,70	22,00
24	22,20	22,60
25	22,90	23,10

1. Beispiel:

Ein Brief soll am 31.12. von Hamburg aus nach D geschickt werden. Wie hoch ist die anfallende Gebühreneinheit?

Brief	Tarifwert	3
nach D 100 km		+ 3
		= 6 am 31.12. = 3,00 GE

2. Beispiel:

Ein Telegramm soll am 1.1. von Hamburg nach I geschickt werden.

Telegramm	Tarifwert	4
nach I 900 km		+ 5
		= 9 am 1.1. = 5,00 GE

Für 44 Aufgaben (wie hoch ist jeweils die GE?) haben Sie 15 Minuten Zeit.

1. Eine Postkarte ist am 29.12. auf den Weg nach G.
2. Ein Telegramm wird am 13.1. nach J ins Ausland (Zuschlag!) geschickt.
3. Nach D soll ein Luftpost-Brief am 4.1. versandt werden.
4. Ein Brief soll per Luftpost nach E am 30.12. geschickt werden.
5. Ein 1100 g schweres Päckchen soll ins Ausland nach H geschickt werden (vor dem 1.1.).
6. Ein Paket muß per Eilzustellung am 30.12. in C sein. Es wiegt 4,9 kg.
7. Eine Postkarte wird am 2.1. ins Ausland nach J geschickt.
8. Ein Telegramm soll nach H ins Ausland am 31.12. geschickt werden.
9. Ein 5,5 kg schweres Einschreiben-Paket soll per Luftpost ins Ausland am 5.1. nach J versandt werden.
10. Eine Drucksache soll mit Auslandszuschlag am 2.1. nach E geschickt werden
11. Ein Luftpost-Eilzustellungspäckchen von 800 g soll ins Ausland geschickt werden, am 3.1. nach H.
12. Am 1.1. soll eine Postkarte nach B per Eilzustellung den Empfänger erreichen.
13. Ein Eilzustellungs-Luftpostpaket (15 kg) soll am 30.12. ins Ausland nach G versandt werden.
14. 6000 g wiegt ein Paket, daß per Einschreiben ins Ausland nach I geht und noch vor dem 30.12. eintreffen soll.
15. Per Luftpost wird ein Päckchen nach F am 2.1. versandt.
16. Ein versichertes Wertpaket (10 kg) wird am 1.12. ins Ausland nach L verschickt.

17. Ein Wertbrief soll per Einschreiben am 30.1. nach K versandt werden.

18. Ein Paket über 13 kg soll am 28.12. nach K verschickt werden.

19. Am 3.1. soll eine Postkarte als Einschreiben nach E versendet werden.

20. Nach L soll ein Luftpost-Brief am 31.12. verschickt werden.

21. Ein Päckchen wird am 6.1. ins Ausland nach J verschickt.

22. Ein Telegramm wird am 8.12. nach D aufgegeben.

23. Am 2.12. soll ein 8 kg schweres Paket mit Auslandszuschlag nach K befördert werden.

24. Eine Eilzustellungs-Drucksache wird am 5.1. nach C aufgegeben.

25. Eine Postkarte soll per Luftpost am 27.12. nach H versandt werden.

26. Mit Versicherungszuschlag soll ein Wert-Paket über 9 kg am 10.1. nach K ins Ausland verschickt werden.

27. Eine Drucksache wird am 20.12. ins Ausland nach I versandt.

28. Ein 13 kg schweres Paket wird am 5.1. per Luftpost nach J verschickt.

29. Nach F soll ein Brief per Einschreiben aufgegeben werden, und zwar am 29.12.

30. Am 15.1. wird eine Drucksache nach E verschickt.

31. Ein Päckchen soll als Eilzustellung noch vor dem 1.1. nach I verschickt werden.

32. Am 27.12. soll ein Paket über 8 kg mit Auslandszuschlag nach K befördert werden.

33. Am 31.12. wird ein Telegramm nach C aufgegeben.

34. Per Einschreiben wird am 3.1. ein Brief nach H versendet.

35. Ein Wert-Paket über 12 kg wird mit Versicherungszuschlag am 29.12. per Luftpost nach I verschickt.

36. Eine Postkarte wird am 13.1. nach F geschickt.

37. Eine Drucksache soll am 27.12. ins Ausland (Zuschlag!) nach H verschickt werden.

38. Am 5.1. wird ein Päckchen per Luftpost und Auslandszuschlag nach J verschickt werden.

39. Ein Telegramm wird am 10.1. nach B aufgegeben.

40. Am 4.1. wird ein 7 kg schweres Paket per Luftpost nach J verschickt.

41. Eine Postkarte soll vor dem 1.1. nach A versendet werden.

42. Ein Brief wird am 4.12. per Einschreiben nach E verschickt.

43. Ein Wert-Paket über 6 kg mit Versicherungszuschlag soll ins Ausland verschickt werden, am 16.1. nach H.

44. Eine Drucksache soll am 5.2. nach F versendet werden.

14. Buchstaben/Zahlen

Bei der ersten Aufgabe dieses Tests sind folgende Buchstaben- und Zahlenkombinationen vorgegeben:

C	I	G	J	A	T	H	L	B	Y	P	alle anderen Buchstaben
4	1	5	0	3	2	8	6	8	9	7	X

Bitte schreiben Sie unter die folgenden Buchstabenreihen die entsprechenden Zahlen wie anfangs angegeben.

A	U	G	K	L	T	Z	C	F	J	B	E	P	T	B	V	X
3	X	5	X	6	...											

Für die folgenden 23 Aufgabenreihen haben Sie 18 Minuten Zeit.

1. Aufgabe

1. K C M P D P N J O B M F D T R Z

2. Z R D V J O P S E J L B C M H O

3. O P T Z E R W A D C X Y B G I K

4. K H G F D S A Q W E R T Z U I O

5. J A P T Z B C V H L O B X I A C

6. A B Y X N M C V W R T D L H G I

7. O T H J D S O L A U T Z R G B Y

8. J L S A L M U I J T Z R E D L H

9. C H T E W K L G H D I O U T R W

10. F R E H L A P X Y V C D R T K O

11. D E J B F K O J Z R H D G K V S

12. H Z G J L F B K V K M I L U O H

13. U E R F G Y G I C L K F P B Y X

14. K O T F D I H E C O I G E W Q O

15. Z U R V D D W O K H Z F C S T L

16. P I H K O C S T Z D L Z A R C X

17. W S G T A J Z J G H J X C V B E

18. D F Y X G C J G J R O U I Z U K

19. G H I K L I T C Y A B V H T P C

20. F R E W S O J G R A B T L O Z R

21. W R H G I A B Y P J K G Z J R E

22. T Z F R H K A H J K L O I U Z R

23. I G H T F D V B L K N G R G U H

Für den zweiten Teil gilt eine neue Buchstaben- und Zahlenkombination, nach der Sie die nachstehenden Aufgaben lösen sollen.

V	F	D	R	S	I	N	T	F	U	Z	alle anderen Buchstaben
6	8	4	6	2	1	3	8	7	5	9	X

Für die folgenden 25 Aufgabenreihen haben Sie 20 Minuten Zeit.

2. Aufgabe

1. F H R O J U A T R V N F R V Z D

2. G J G F R E I L K O Z B V C D E

3. L H U T B F R G B F D S E W L B

4. H D W S U N V C R G T F D E L R

5. V D Z G X C V D H J G E T U Z R

6. L J H R O V W S C T N D F E H R

7. F J N G D E I L M H F T B F E U

8. G F J G S Z T I N H D T R D F H

9. I N F S J L O R P Z D T I F C V

10. D G S U O N F C X S F D H Y X R

11. I F C S K H F E T U T S T U E F

12. E T W F S L D C V X S O Z G S D

13. A D X J G L K M N B V F U D E D

14. H C V L J O P M H T R S Z F H J

15. B F D S R W Z I J G Z L O K N Z

16. J F S T Z I H F H K H L O I G T

17. H F S U Z R V M L K O P D S R T

18. A D R Z I K H F U K H G L O U T

19. L J G T E C I U Z T F O B M N F

20. T G S K I N O P G J G T H R Q K

21. H R S K I Z G J G T K O H L H K

22. H F D U Z E S W R G J F L O M G

23. D R W Q E F C B H J K H J K L U

24. G R W Q D G J K G Z K O U N G J

25. H F W E U I O L M G C D S X C V

15. Zahlen verbinden

Aufgabe: Versuchen Sie, jeweils in 30 Sekunden bei 1 beginnend so viele Zahlen wie möglich in der richtigen Reihenfolge zu verbinden. Fangen Sie mit dem Zahlenfeld A an:

A

25
24 5 2 16 11 28
18 26 29 10
30 3 22 12 20
4 1
7 21 15
23 17 9 27
6 13
19 8
14

B

24 18 22
9 3 12 15 21 5
14
30 6 17 29
1 8 20
25 23 27
11 16
2 13 7 28
10 19 4
26

C

21 18 26

11 28 9 2 17

3 7

13 15 25

5 22 30 1

29 19

10 27 8 24 16

20 12

4 14 6

23

D

19

14 3 24 17 10 9 22

4 6

25 11

2 15 7 18 20

28 30

26 12 23

16

13 1 5 29 8 21

27

E

28

3 22 25 10 6 19

17 12

24 8 5 29

14 27

1 16 21 18

26

9 11 4

23 2 7 20 30 13

15

F

21 7 12 6 26 14 2
28 25 15
9 23 17
19 11 1 30
3
20 29 22 5 24
8 13
10 18 27 4 16

G

13
1 3 27 8 18 20
23 12 6
29 11
16 4 26
14 22 25 9 30
2 21 19 7
24 28 10 17 5
15

H

20
3 25 22 9
5 10 16 6
12 27 18 29
30 14
24 4 21 8
2 26
28
13 23
11 1 15 7 17 19

I

28

15 1 20

27 4 24 17 8 10

2 30

6 29 22

14 13 11

25 16 23

5 19 9

3 12 7 21

26 18

J

19 15

28 6

1 3 26 29 12 23 5

8

18 10 16 21 14

27 11 30

9 20 4 13

17 2 25 7 24

22

K

11 5 17 21 7 13 3 19

22 28 15 29 25

8

2 12 24 20

16 14

6 9 26

23 10 30 1 27 18 4

L

29
11 3 9
1 14 6 16 8
20 27
22 19 24 26
28 4 17
10 12 30 15
7
21 2 23 13 5
18 25

M

26
5 4 14 24 10 23
7 12
17 16 25 30
19 21
3 28 2 8
6 11
13 1
27 18 15 20 9
29 22

N

20
22 13 2 6 10
28 12 25
29 21 8 19
1 5 17
11 18 27
15 3 24
14 30 9
4 7 26
23 16

O

27
15 3 12 5 18 22 10 30
25
17 28 7 20
1 6
16 44 23 29
26 19 9
13 11
14 2 8 21
24

16. Buchstaben einkreisen

Hier besteht Ihre Aufgabe darin, in einer Reihe vorgegebener Buchstaben alle die Buchstabenkombinationen einzukreisen, die aus drei im Alphabet unmittelbar aufeinander folgenden Buchstaben bestehen, z.B. so:

g j (g h i) k m a b d r z (u v w) (c d e) k l i v b

Für 17 Zeilen bzw. Aufgaben haben Sie 6 Minuten Zeit. Bitte notieren Sie hinter jeder Zeile die Anzahl der gefundenen Dreierkombinationen.

1. u g k l o b u s o j e c d e k p d e g k a q r n m g d b f n m l

2. a b k n x y h j f a b c l b v c x g h l n l f l m x a x e r z f j h k

3. t h k l u i r s e f j a b i p k o m b c g h i j r d c d s z z s g d

4. k l m g f d e r s j o l b c a b x c x v x s x y b k u b u m u v e

5. h i j g d r t u c f c d e t n k l p q d r d t d u d b d e c m a x

6. s f j t z h u j i k o l z h k g g b f v d c s x a y j m h n g f l h o f

7. y d x y h t g b d v c h i j k l o i u z t r e d s t z u i o p s v

8. l h k l u i r s e c d a b h r k o m b c g h i j r d c d s z z s f

9. a b m g f d e r s j o l b c a b x c x v x s x y b k u b u m u d s

10. d m o g d r t u c f c d e t n k l p q d r d t d u d b d e c m d k

11. h s t h v n k o p q w s y d s a r b k f i o h z d r e f g j e r

12. d s v g h j w e t u x c v s n m n o w e r s t u c v w x s d h

13. a x c f g h u z w e d f g h k l s a w x c g j k b x s g u l o t r z u

14. a y x d f g h j k x y z a c b j k l m w c f g h l w v h o p d f

15. v s e g u i o l j d e f s d c b j l g t i o c d w e n o p s a b s d

16. b s d f e g h e h t z u r s t u s r j z c s x n k l u b t n e j g t h

17. c s x f h n k t b s i j k s d f g r l m n r s w f g h o d x y z d g

Anzahl

17. Muster vergleichen

Bei dieser Aufgabe müssen Sie drei Muster miteinander vergleichen. Zwei Muster sind identisch, und das dritte unterscheidet sich etwas in einem Detail. Ein Zeichen (Kreuz, Kreis oder Schrägstrich) wurde ergänzt oder weggelassen.

Sehen Sie sich zunächst das folgende Beispiel an. Welches Muster ist anders als die anderen beiden?

a

	/	x	o		x	
/		o	x	x	o	
	o		x		o	o
o	/	x		/	o	
	x		/	/	x	o
x	/		x	o		
x		x		x		x

b

	/	x	o		x	
/		o	x	x	o	
	o	/	x		o	o
o	/	x		/	o	
	x		/	/	x	o
x	/		x	o		
x		x		x		x

c

	/	x	o		x	
/		o	x	x	o	
	o		x		o	o
o	/	x		/	o	
	x		/	/	x	o
x	/		x	o		
x		x		x		x

Lösung: b

Für die folgenden 22 Musterreihen (Aufgaben A – V) haben Sie 8 Minuten Zeit.

A

a

/	x		x	o	/	x
x	/	o	o		x	o
	x	/	x	o	/	/
	o		o	/	/	o
x	/	x		/	x	x
	/	/	o	x	o	x
	x	x	o	x		o

b

/	x		x	o	/	x
x	/	o	o		x	o
	x	/	x	o	/	/
	o		o	/	/	o
x	/	x		/	x	x
	/	/	o	x	o	x
	x	x	o	x		o

c

/	x		x	o	/	x
x	/	o	o		x	o
	x	/	x	o	/	/
	o		o	/	/	o
x	/			/	x	x
	/	/	o	x	o	x
	x	x	o	x		o

B

a

	o		/			/
x		x		o	x	x
	o	o	o	x		/
x	x		x	/	o	o
		/	o	/		x
x	/	x	o	x		x
	/		o		/	o

b

	o		/			/
x		x		o	x	x
	o	o	o	x		/
x	x		x	/	o	o
		/	o	/		x
x	/	x	o	x		x
	/		o		/	o

c

	o		/			/
x		x		o	x	x
	o	o	o	x	o	/
x	x		x	/	o	o
		/	o	/		x
x	/	x	o	x		x
	/		o		/	o

C

a

/		/	o	o	/	
x	o	/		x	o	x
/	x	o	o		/	o
o	x	x	/	x	o	x
o		/	/	x	/	o
o	x	o	x	o	x	x
		x		o	x	o

b

/		/	o	o	/	
x	o	/		x	o	x
/	x	o	o		/	o
o	x	x		x	o	x
o		/	/	x	/	o
o	x	o	x	o	x	x
		x		o	x	o

c

/		/	o	o	/	
x	o	/		x	o	x
/	x	o	o		/	o
o	x	x		x	o	x
o		/	/	x	/	o
o	x	o	x	o	x	x
		x		o	x	o

D

a

	x	x			x	
x	/		o	o	x	/
	/	x	x		x	
	x	x	/	o	/	
	/		x	o		/
x	x	x		o	x	/
		/	/	/	x	

b

	x	x			x	
x	/		o	o	x	/
	/	x	x		x	
	x	x	/	o	/	o
	/		x	o		/
x	x	x		o	x	/
		/	/	/	x	

c

	x	x			x	
x	/		o	o	x	/
	/	x	x		x	
	x	x	/	o	/	
	/		x	o		/
x	x	x		o	x	/
		/	/	/	x	

E

a

x	/	/	o		x	x
	x		/	/		o
	o	x	/	x	o	
o		x	/	o	/	o
o		o		x	x	
/	o	/	/	o	/	o
	x		x	x		o

b

x	/	/	o		x	x
	x		/	/		o
	o	x	/	x	o	
o		x	/	o	/	o
o		o		x	x	
/	o	/	/	o	/	o
	x		x	x		o

c

x	/	/	o		x	x
	x		/	/		o
	o	x	/	x	o	x
o		x	/	o	/	o
o		o		x	x	
/	o	/	/	o	/	o
	x		x	x		o

F

a

x			o			/
	x	/	x	o	x	o
		x	/	/	o	
o		o	x			/
	o		/	x	/	
x	/	o			x	
	/		o			x

b

x			o			/
	x	/	x	o	x	o
		x	/	/	o	
o			x			/
	o		/	x	/	
x	/	o			x	
	/		o			x

c

x			o			/
	x	/	x	o	x	o
		x	/	/	o	
o			x			/
	o		/	x	/	
x	/	o			x	
	/		o			x

G

a

	o	x	/	o	/	
/	o	/	o	x	o	o
/	o	/	x		x	/
	x	x	/	x		/
o	x		o	o	o	/
o	x	o		x	x	
		x	/	/	/	

b

	o	x	/	o	/	
/	o	/	o	x	o	o
/	o	/	x		x	/
	x	x	/	x		/
o	x		o	o	o	/
	x	o		x	x	
		x	/	/	/	

c

	o	x	/	o	/	
/	o	/	o	x	o	o
/	o	/	x		x	/
	x	x	/	x		/
o	x		o	o	o	/
o	x	o		x	x	
		x	/	/	/	

H

a

/	/	/	o	/	x	
/	x		x	/	o	o
	/	/	o	o	o	x
o	o	x		/	x	
	x	/	x		/	/
o	o		x	x	/	
x	o	o	/	/	x	o

b

/	/	/	o	/	x	
/	x		x	/	o	o
	/	/	o	o	o	x
o	o	x		/	x	
	x	/	x		/	/
o	o			x	/	
x	o	o	/	/	x	o

c

/	/	/	o	/	x	
/	x		x	/	o	o
	/	/	o	o	o	x
o	o	x		/	x	
	x	/	x		/	/
o	o			x	/	
x	o	o	/	/	x	o

I

a

	x	x	/	x	x	/
/	/	o	/		o	/
x	/	o	x	o	/	x
o	x	o	o	x	o	/
o	/	/	x	o	x	o
	x	x	x		o	x
o	o	x	/	/	x	

b

	x	x	/	x	x	/
/	/	o	/		o	/
x	/	o	x	o	/	x
o	x	o	o	x	o	/
o	/	/	x	o	x	o
	x	x	x		o	x
o	o	x	/	/	x	

c

	x	x	/	x	x	/
/	/	o	/		o	/
x	/	o	x	o	/	x
o	x	o		x	o	/
o	/	/	x	o	x	o
	x	x	x		o	x
o	o	x	/	/	x	

J

a

	/	/	o	/	/	o
	o	x	o	x	o	/
x	x	o	/	o	/	/
	o	/	x	x	x	o
	/	/	o	/	/	o
x		x	/	x	o	x
	o	o		o		x

b

	/	/	o	/	/	o
	o	x	o	x	o	/
x	x	o	/	o	/	/
	o	/	x	x	x	o
	/	/	o	/	/	o
x		x	/	x	o	x
	o	o		o		x

c

	/	/	o	/	/	o
	o	x	o	x	o	/
x	x	o	/	o	/	/
	o	/	x	x	x	o
	/	/	o	/	/	o
x	/	x	/	x	o	x
	o	o		o		x

K

a

	/	/	/	o	/	
x		o	x	o	o	o
	x	x	o	x	/	o
/		/	o	o	x	
/	x	o		x	/	o
/		/	x	/	o	/
	/	x		/	x	o

b

	/	/	/	o	/	
x		o	x	o	o	o
	x	x	o	x	/	o
/		/	o	o	x	
/	x	o		x	/	o
/	o	/	x	/	o	/
	/	x		/	x	o

c

	/	/	/	o	/	
x		o	x	o	o	o
	x	x	o	x	/	o
/		/	o	o	x	
/	x	o		x	/	o
/	o	/	x	/	o	/
	/	x		/	x	o

L

a

x	x	/	x	/	o	x
	x		/	o	x	x
	/	x	/	/	o	/
	/		x		o	x
/	o	x		o	x	o
	x	o	x		/	o
	/	o		x		/

b

x	x	/	x	/	o	x
	x		/	o	x	x
	/	x	/	/	o	/
	/		x		o	x
/	o	x		o	x	o
	x	o	x		/	o
	/	o		x		/

c

x	x	/	x	/	o	x
	x		/	o	x	x
	/	x	/	/	o	/
	/		x	o	o	x
/	o	x		o	x	o
	x	o	x		/	o
	/	o		x		/

M

a

o	o	x	/	o	/	x
	x		x	x	/	x
o		/	/	x	o	
	x		x	o	/	x
o	/	x	/		o	/
	/	/	x	o	o	/
	o	o		/	/	

b

o	o	x	/	o	/	x
	x	/	x	x	/	x
o		/	/	x	o	
	x		x	o	/	x
o	/	x	/		o	/
	/	/	x	o	o	/
	o	o		/	/	

c

o	o	x	/	o	/	x
	x		x	x	/	x
o		/	/	x	o	
	x		x	o	/	x
o	/	x	/		o	/
	/	/	x	o	o	/
	o	o		/	/	

N

a

o		/	/		o	x
/	/	x	o	/	o	x
/	/	x	x	/	x	/
o	x	/		o	/	x
	x	/	x	o	x	/
o	x	/	o	o	x	
	x	x	o	x		/

b

o		/	/		o	x
/	/	x	o	/	o	x
/	/	x	x	/	x	/
o	x	/		o	/	x
	x	/	x	o	x	/
o	x	/	o		x	
	x	x	o	x		/

c

o		/	/		o	x
/	/	x	o	/	o	x
/	/	x	x	/	x	/
o	x	/		o	/	x
	x	/	x	o	x	/
o	x	/	o		x	
	x	x	o	x		/

O

a

		/		/	o	
x		o	o	/	/	
		o			x	o
/			o	x	x	
/		o			x	o
/	/		o	x	/	
	o			x		

b

		/		/	o	
x		o	o	/	/	
		o			x	o
/			o	x	x	
/		o			x	o
/	/		o	x	/	
	o			x		

c

		/		/	o	
x		o	o	/	/	
		o			x	o
/			o	x	x	
/		o		o	x	o
/	/		o	x	/	
	o			x		

P

a

/	x	o	/	x	o	
		x	/			/
o	o	/	o	o	/	
x		x	o		o	x
/		/		x		x
	x				/	o
	/	o	o	/		

b

/	x	o	/	x	o	
		x	/			/
o	o	/	o	o	/	
x		x	o		o	x
/		/		x		x
	x			x	/	o
	/	o	o	/		

c

/	x	o	/	x	o	
		x	/			/
o	o	/	o	o	/	
x		x	o		o	x
/		/		x		x
	x			x	/	o
	/	o	o	/		

Q

a

	/		o	/	/	
o		x		o		/
	o	x	/	x	/	
	/	/		/		x
	o		x	o		x
o		x			/	
	o		/	o		

b

	/		o	/	/	
o		x		o		/
	o	x	/	x	/	
	/			/		x
	o		x	o		x
o		x			/	
	o		/	o		

c

	/		o	/	/	
o		x		o		/
	o	x	/	x	/	
	/	/		/		x
	o		x	o		x
o		x			/	
	o		/	o		

R

a

/	x	x	o	/	x	
/	x		x	/	x	x
	/	x	o	o	o	x
o	o	x		/	x	
	x	/	x		o	/
o	/		x	x	/	
x	/	o	/	/	x	o

b

/	x	x	o	/	x	
/	x		x	/	x	x
	/	x	o	o	o	x
o	o	x		/	x	
	x	/	x		o	/
o	/		x	x	/	
x	/	o	/	/	x	o

c

/	x	x	o	/	x	
/	x		x	/	x	x
	/	x	o	o	o	x
o	o	x		/	x	
	x	/	x	/	o	/
o	/		x	x	/	
x	/	o	/	/	x	o

S

a

	/	x	o		x	/
/	x	o	x	x	o	/
	o	/	x	/	o	o
o	/	x		x	o	/
o	o	o	/	/	x	o
	/	/		x	o	/
x		x		x		x

b

	/	x	o		x	/
/	x	o	x	x	o	/
	o	/	x	/	o	o
o	/	x		x	o	/
o	o	o	/	/	x	o
		/		x	o	/
x		x		x		x

c

	/	x	o		x	/
/	x	o	x	x	o	/
	o	/	x	/	o	o
o	/	x		x	o	/
o	o	o	/	/	x	o
		/		x	o	/
x		x		x		x

T

a

	o		/	/	o	/
/	/	x	x	o	o	o
	o	o	o	x	o	/
x	x		x	/	o	o
	x	x	o	/	/	x
x	/	x	o	x		x
	/		o		/	o

b

	o		/	/	o	/
/	/	x	x	o	o	o
	o	o	o	x		/
x	x		x	/	o	o
	x	x	o	/	/	x
x	/	x	o	x		x
	/		o		/	o

c

	o		/	/	o	/
/	/	x	x	o	o	o
	o	o	o	x	o	/
x	x		x	/	o	o
	x	x	o	/	/	x
x	/	x	o	x		x
	/		o		/	o

U

a

	o	x	/	o	/	x
/	o	/	/	x	o	o
/	o	/	/		x	/
	x	x	o	x	/	/
o	x	o	o	o	o	/
	x	o	x	x	x	
		x	x	/	/	

b

	o	x	/	o	/	x
/	o	/	/	x	o	o
/	o	/	/		x	/
	x	x	o	x	/	/
o	x		o	o	o	/
	x	o	x	x	x	
		x	x	/	/	

c

	o	x	/	o	/	x
/	o	/	/	x	o	o
/	o	/	/		x	/
	x	x	o	x	/	/
o	x		o	o	o	/
	x	o	x	x	x	
		x	x	/	/	

V

a

x	x	/	x	/	x	x
/	x	o	/	o	x	x
/	/	x	/	/	/	/
/	/	o	x	o	/	x
/	o	x		o	o	o
o	x	o	x		o	o
o	/	o		x		/

b

x	x	/	x	/	x	x
/	x	o	/	o	x	x
/	/	x	/	/	/	/
/	/	o	x	o	/	x
/	o	x		o	o	o
o	x	o	x		o	o
o	/	o		x		/

c

x	x	/	x	/	x	x
/	x	o	/	o	x	x
/	/	x	/	/	/	/
/	/	o	x	o	/	x
/	o	x	/	o	o	o
o	x	o	x		o	o
o	/	o		x		/

18. Wegeplan

Sie haben von der Zentrale Ihrer Firma aus Ihre 6 Filialen (A,B,C,D,E,F) über ein aktuelles Sonderangebot zu informieren. Leider ist Ihr Telefon- und Telexanschluß in der Firmenzentrale kaputt. Einige der Filialen sind telefonisch nicht erreichbar, andere haben ein Telefon (alle mit T gekennzeichneten Filialbetriebe). Sie müssen mit einem Auto die Filialen ohne Telefon abfahren. Die Wegezeiten stehen fest (siehe Zeichnung, Telegramm geht nicht!), die Zeiten für das Überbringen der Nachricht – ob persönlich oder am Telefon – ebenso (3 Minuten). In welcher Reihenfolge gehen Sie vor, und wieviel Zeit brauchen Sie, bis Sie wieder in Ihr Büro zurückgekehrt sind?

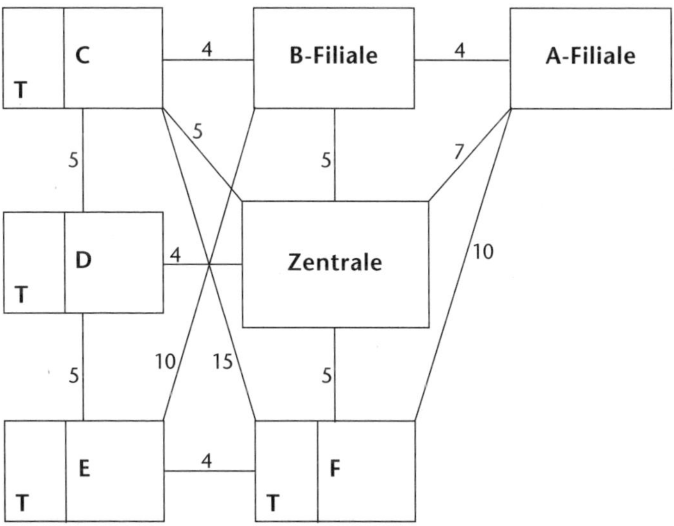

Bearbeitungszeit für diese Aufgabe: 8 Minuten.

19. Tabellen-Konzentrations-Test

Neun Ausbilder (A, U, S, B, I, L, D, E und R) haben sechs Azubis (von a – f) mit den Noten 1 – 6 zu beurteilen. Die nachstehend aufgeführte Tabelle zeigt, wie die einzelnen Ausbilder ihre Zensuren für die Azubis a – f vergeben haben.

Beurteilungen	1	2	3	4	5	6
A	b	a	c	d	f	e
U	a	f	e	d	c	b
S	d	a	b	c	e	f
B	a	b	c	e	f	d
I	f	e	d	c	b	a
L	d	c	a	b	f	e
D	b	c	a	e	f	d
E	f	b	c	e	a	d
R	a	f	b	d	c	e

Für die folgenden 5 Fragen haben Sie 10 Minuten Zeit.

1. Welcher Azubi hat den besten, welcher den schlechtesten Notendurchschnitt?

2. Welche Ausbilder stimmen mit der Beurteilung des Azubis c (Durchschnitt) am besten überein?

3. Welcher Ausbilder gibt in der Tendenz die besten Noten?

4. Bei welchem Ausbilder ist es sehr wahrscheinlich, eine schlechte Note zu bekommen?

5. Wie ist der Notendurchschnitt des Ausbilders A im Vergleich zum Ausbilder R?

20. Buchstaben heraussuchen

Aus folgendem Text sind bestimmte Buchstaben absatzweise herauszusuchen. Da man auf verschiedene Buchstabenkombinationen achten muß, erfordert dies sehr viel Sorgfalt, Konzentration und Geduld.

Suchen Sie die Umlaute ä, ö und ü sowie die Buchstabenkombinationen sch, st und ch heraus, und schreiben Sie die Anzahl der jeweils gefundenen Buchstaben bei jedem Absatz an die rechte Seite. Es spielt keine Rolle, ob die Buchstabenkombinationen am Anfang, in der Mitte oder am Ende eines Wortes stehen. Klein- und Großschreibung bleiben ebenso unberücksichtigt.

Der Text ist unserem Titel: „Die perfekte Bewerbungsmappe für die Initiativbewerbung“ entnommen (siehe Seiten 129 – 130).

Für die Bearbeitung dieser Aufgabe haben Sie 60 Minuten Zeit.

Absatz	Text	gefundene Buchstaben
1	**1. Die Suche nach Informationen über Arbeitgeber im Internet** Gleichgültig, ob Sie gerade Ihre Bewerbungsmappe zusammenzustellen oder ob Sie bereits einen Termin für ein Vorstellungsgespräch haben: Ihre erste Pflicht als Bewerber ist es, sich so gründlich wie möglich über potentielle Arbeitgeber zu informieren.	ä: ö: ü: sch: st: ch:
2	Da Sie sich gezielt als optimaler „Problemlöser" für das Unternehmen profilieren und anbieten wollen, müssen Sie zunächst wissen, vor welchen Herausforderungen dieser spezielle Arbeitgeber steht. Wird in einem Betrieb zum Beispiel gerade über die Einführung neuer Modelle der Gruppenarbeit in der Fertigung nachgedacht, dann sollten Sie sich vor dem Zusammenstellen Ihrer Bewerbungsmappe eventuell noch einmal mit dem Thema „Arbeitswissenschaft" beschäftigen. Wenn Sie dagegen aus dem Netz erfahren, daß Ihr potentieller Arbeitgeber große Projekte mit skandinavischen Firmen gestartet hat, heben Sie bei Ihrer Bewerbung natürlich Ihre profunden nordischen Sprachkenntnisse besonders hervor.	ä: ö: ü: sch: st: ch:
3	Um das Internet als Quelle für Informationen über Unternehmen zu nutzen, reicht es meist aus, den Firmennamen auf folgende Weise einzugeben. *www.(Firmenname)*.de für deutsche Firmen, bei US-amerikanischen benutzen Sie *www.(Firmenname).com* (*http://* am Anfang nicht vergessen!). Bei europäischen Unternehmen gelten die Endungen *.it* für Italien, *.uk* für Großbritannien, *.fr* für Frankreich, *.ch* für Schweiz und *.at* für Österreich.	ä: ö: ü: sch: st: ch:

4 Werden Sie auf diese Weise nicht fündig, so rufen Sie mit Hilfe des Buttons *Suchen (Search)* eine der Suchmaschinen auf. Die gängigsten heißen *Yahoo, Excite, Lycos* und *Infoseek*. Obwohl diese Suchmaschinen ähnliche Ergebnisse liefern, ist jede unterschiedlich organisiert und geht andere Wege zu den von Ihnen benötigten Informationen. *Excite* und *Yahoo* bieten zum Beispiel schon auf der Startseite Rubriken wie Business, Travel oder auch Job und Karriere an. Diese können Sie zu Beginn aktivieren und damit Ihre Suche weiter spezifizieren.

ä:
ö:
ü:
sch:
st:
ch:

5 Als erstes sollten Sie auf jeden Fall die Suchhilfe, eine Art Bedienungsanleitung der jeweiligen Suchmaschine, durchlesen. Meist befindet sich direkt neben dem Suchfeld ein *SeekHelp*- oder *Suchhilfe-Button*, mit dem Sie praktische Tips zur Vereinfachung Ihrer Suche aufrufen können. Das kostet Sie zunächst vielleicht fünf Minuten Zeit, wird Ihnen aber letztlich viel Ärger und Mühe ersparen. Wer nicht lernt, so effizient wie möglich im Netz zu suchen, verliert sich leicht in der Fülle der angebotenen Informationen und wird sich über seine nächste Telefonrechnung wundern.

ä:
ö:
ü:
sch:
st:
ch:

6 Nachdem Sie Ihren Suchbegriff eingegeben haben, „spuckt" der Rechner eine ganze Reihe von Internet-Adressen aus, die in irgendeiner Form mit den Suchbegriffen zu tun haben. Diese Adressen sind zu den Seiten der Firmen „gelinkt". Das bedeutet: Sie können durch Anklicken auf der Liste direkt zu den gesuchten Homepages gelangen.

ä:
ö:
ü:
sch:
st:
ch:

7 Dort finden Sie in der Regel bereits eine Fülle von Informationen, die allerdings nicht linear aufgebaut sind wie in einer Broschüre. Ein Printmedium gibt durch seinen Aufbau vor, in welcher Reihenfolge die Informationen vom Leser aufzunehmen sind. Auf den Seiten des Internets dagegen kann der Leser nach eigenem Gusto hin und her springen. Er findet mit der Suchfunktion des jeweiligen Unternehmens Informationen gezielt und schnell und kann Querverweise nutzen. Sind Begriffe farblich abgesetzt, gelangt der User durch Anklicken dieser Links automatisch auf andere Seiten des Internets, beispielsweise auf die von Kooperationspartnern und Zulieferern des Unternehmens.

ä:
ö:
ü:
sch:
st:
ch:

8 Beachten Sie folgendes Defizit: Obwohl das Internet prinzipiell die Möglichkeit einer ständigen Aktualisierung der präsentierten Informationen bietet, verfügen viele Unternehmen noch nicht über eine adäquate Internetbetreuung. Das hängt möglicherweise damit zusammen, daß sich diese Art der Mitarbeiterrekrutierung bisher nicht allgemein durchsetzen konnte. Zwar nutzen bislang knapp 70 Prozent aller Großunternehmen das Internet zur Mitarbeitersuche, aber lediglich 40 Prozent der mittleren und 20 Prozent der kleinen Unternehmen.

ä:
ö:
ü:
sch:
st:
ch:

Fortsetzung nächste Seite

9 **2. Die Suche nach Stellenangeboten auf den Webseiten von Zeitungen**

Auch wenn das Reagieren auf Stellenangebote nicht das primäre Anliegen des Initiativbewerbers ist: Auf den Webseiten der *Frankfurter Allgemeinen Zeitung,* der *Süddeutschen,* von *Handelsblatt* und *Zeit* finden Sie interessante Stellenangebote. Manche dieser Seiten machen von den technischen Möglichkeiten des Netzes Gebrauch und sind interaktiv gestaltet. Sie können sich von dort also direkt auf die Seiten der inserierenden Firmen klicken. Im allgemeinen werden aber einfach nur die gedruckten Anzeigenseiten der Zeitungen ins Internet übernommen.

ä:
ö:
ü:
sch:
st:
ch:

10 Für Sie als Bewerber bietet die Suche auf den Internetseiten der Zeitungen vor allem dann Vorteile, wenn Sie sich in internationalen Publikationen oder mehreren Zeitungen gleichzeitig umsehen wollen. Das Internet erspart Ihnen den Weg zum Bahnhofskiosk. Achten Sie in jedem Fall auf die Aktualität der Anzeigen. Theoretisch ist das Internet zwar ein hochaktuelles Medium, die elektronischen Anzeigen der Zeitungen sind jedoch nicht immer up to date.

ä:
ö:
ü:
sch:
st:
ch:

11 Die Internet-Adressen der jeweiligen Printmedien finden Sie in den Zeitungen selbst, meistens im Impressum. Sie können natürlich auch nach den elektronischen Adressen via Suchmaschine fahnden. Wenn Sie auf diese Weise erst einmal auf der richtigen Homepage gelandet sind, klicken Sie sich von dort auf den Anzeigenmarkt weiter. Als *starting point* ist der Anzeigenmarkt der Wochenzeitung *Die Zeit www.jobs.zeit.de* zu empfehlen, denn er ist übersichtlich organisiert und

ä:
ö:
ü:
sch:
st:
ch:

man gelangt von dort zu anderen Anzeigenmärkten, vorausgesetzt, diese sind funktional eingerichtet.

12 Ein weiterer Tip: Auch Fachzeitungen und -zeitschriften bieten Stelleninserate im Internet. Wenn Sie also schon genau wissen, welchen Bereich Sie anstreben, sollten Sie auch in kleineren, möglicherweise hochspezialisierten Fachpublikationen suchen.

ä:
ö:
ü:
sch:
st:
ch:

13 **3. Die Suche nach Stellenangeboten auf den Seiten der Firmen**

Viele Firmen unterhalten eigene Stellenmärkte. Das bedeutet, daß Sie sich von der Homepage aus zu den Seiten mit den freien Stellen klicken können. Dabei sollten Sie sich nicht blenden lassen von schönen Angeboten und großen Versprechungen, die Ihnen die Firmen dort machen. Schließlich geht es bei Stellenangeboten immer auch um ein bißchen Imagepflege und den Beweis „Wir sind innovativ und so erfolgreich, daß wir auch in der Rezession noch Leute einstellen". Mit der Realität hat das oft wenig zu tun.

ä:
ö:
ü:
sch:
st:
ch:

14 Die Jobseiten der Firmen sind in einigen Fällen mit einer Funktion verknüpft, über die sich ein Bewerbungsformular aufrufen läßt. Mit dem entsprechenden Button holen Sie sich das Formular auf den Bildschirm, das Sie wie einen standardisierten Bewerbungsvordruck ausfüllen und via e-mail zurückschicken.

ä:
ö:
ü:
sch:
st:
ch:

Fortsetzung nächste Seite

15 Dieses automatisierte Auswahlverfahren ist manchmal brutal. So geben Firmen beispielsweise als Auswahlkriterium vor, Bewerber dürften die Durchschnittsstudiendauer nicht überschreiten. Haben Sie also BWL oder Maschinenbau studiert und wegen verschiedener Praktika und Auslandsaufenthalte 14 anstatt nur 9 Semester gebraucht, interessiert das den Computer, der Ihre Bewerbung standardisiert auswertet, überhaupt nicht. Oft werden Sie postwendend informiert, Sie seien nicht qualifiziert genug. Wenn Sie trotzdem an dem ausgeschriebenen Job interessiert sind, hilft nur eins: Gehen Sie den herkömmlichen Weg und greifen Sie zum Telefon. Die Kontaktadressen und Telefonnummern Ihrer Ansprechpartner sind gewöhnlich auf den jeweiligen Internetseiten angegeben.

ä:
ö:
ü:
sch:
st:
ch:

21. Farbkonzentration

Dieser Aufgabentyp kann hier nur beschrieben werden. Mit einem Farbdrucker erstellen Sie diesen Aufgabentyp leicht selbst.

Worum geht es?
Sie sehen bei dieser Aufgabe farbig geschriebene Wörter. Schwarz, Grün, Rot, Blau sind die Farben, und das sagen buchstabenmäßig auch die geschriebenen Worte.
Allerdings ist zum Beispiel das Wort SCHWARZ in *Grün* geschrieben,
das Wort BLAU in *Rot*
das Wort GRÜN in *Schwarz*
das Wort ROT in *Blau*
das Wort SCHWARZ in *Rot*
das Wort ROT in *Grün* usw. usw.

Nun folgen ca. 100 Beispiele. Die Farbe, in der jeweils das Wort geschrieben ist, korrespondiert also nicht mit der Farbe, die buchstabenmäßig mitgeteilt wird. Ihre Aufgabe ist es nun, neben jedes Wort den großen Buchstaben der Farbe zu schreiben, in der das Wort geschrieben ist (ein B,G,R oder S) und nicht etwa den, den es buchstabenmäßig zum Ausdruck bringt. Klingt hier und jetzt hoffentlich nicht zu verwirrend. Die Aufgabe ist schnell erklärt und wird sofort von allen Kandidaten begriffen aber, und jetzt kommt's: In der Testpraxis ist es über einen längeren Zeitraum und unter Zeitdruck wahnsinnig schwierig, sich von der Wortbotschaft z.B. ROT geschrieben in *Schwarz* zu lösen und hier ein S zu schreiben.

Was also auf den ersten Blick ganz einfach aussieht, wird sehr schnell zu einer furchtbaren Nerverei. Probieren sie es selbst aus (100 Aufgaben in 3 Minuten).

22. Konzentrations-Aufmerksamkeits-Leistungstest

Auch beim sogenannten Pilotentest des Deutschen Zentrums für Luft- und Raumfahrt (DLR) werden – wie bei vielen anderen Einstellungstests – Aufgaben gestellt, von denen sich die Anwender versprechen, etwas über das allgemeine Konzentrations- und Leistungsvermögen des Probanden zu erfahren. Ob und wieweit dies anhand des nachfolgenden Testverfahrens möglich ist, darf diskutiert werden.

Beim Konzentrations-Aufmerksamkeit-Leistungstest des DLR wird den Teilnehmern ein Blatt mit Buchstabenreihen vorgelegt. Alle a,b, und q's sollen waagerecht markiert werden. Es empfiehlt sich unbedingt, diesen Test vorher zu üben, damit er in der vorgegebenen Zeit zu schaffen ist. Lassen Sie sich ggf. von einem Helfer noch zusätzliche Buchstabenreihen erstellen. Mit einem Textverarbeitungssystem ist dies auf dem Computer eine Sache von einer Viertelstunde. Sie werden sehen, je öfter Sie diesen Test üben, desto schneller und besser werden Sie.

Versuchen Sie nun, die folgenden Buchstabenreihen in 3 Minuten zu lösen. Markieren Sie alle a, b, und q mit einem geraden waagerechten Strich.

1. o i z a d f h z b t i q p f r t w q p p h a f q d e h j o e d c b d b h b d z
2. u k l k b z p b q t h j f e q p o b h t q b d s a ö p ü ä g b a q z q u h f a
3. n c g j b a r j g t e r s a m k b a r t z q m g v a d s b a q z u h j g r t f d
4. v x y u l k h t z a g f d a h a z g q s s b j k a m n g f d s w a r z u q k l
5. l j g f d b f d h j k l o p j g d a z u b h t q q d e j u b t g q j k m n v c d
6. e r w f s d g j k o a i z t a q f q s b v n m k l o u i z t f g t h j g f d d d f
7. v n m k j h t z f d r e s f r g h j k u t g g f m n j a i q p b b q h g f d a y
8. x q v n g a r e w q j h q f r t z u q o i b z t r e d f g h q r a d a h b h j b
9. l k m q n a z u b h t b f r e d q r g q j k a z a h q q r b t g b g a f r q c
10. k b n v q d f a r e d a g t h z j u j i k l m n h b u z g t r f v d e r g h j k

23. Konzentrations-Rechenleistungstest

Der Konzentrations-Rechenleistungstest zählt zu den Tests des DLR, auf die besonders hoher Wert gelegt wird. Die Zeit ist so angelegt, daß Sie den Test unter normalen Umständen nicht schaffen können. Trotzdem sollte es Ihnen mit einiger Übung möglich sein, zu den Besten zu gehören und sich so einen Platz im Haupttest zu sichern.

Ihre Aufgabe besteht darin, daß Sie bestimmte Symbole aus einem Suchfeld in Zahlen umwandeln, diese addieren und dann mit einem Lösungsvorschlag vergleichen müssen. Ist Ihr errechnetes Ergebnis kleiner als die Lösungsvorschlagszahl, so müssen Sie das linke Antwortfeld markieren, sind beide identisch, so markieren Sie das mittlere, und ist Ihr Ergebnis höher, das rechte Antwortfeld. Sie merken sich das zuletzt umgewandelte Symbol und wandeln das nächste um. Die Ergebnisse werden wieder addiert und mit der zwischen den Symbolen stehenden Zahl verglichen. Die Addition/der Vergleich sollte natürlich so konzentriert und zügig wie möglich erfolgen.

Ein Beispiel zur Verdeutlichung:

Im folgendem sehen Sie ein Suchfeld mit 4 Symbolen und den Zahlen 1 bis 4. Jede Zahl ist einem Symbol zugeordnet.

Betrachten Sie nun das Aufgabenbeispiel:

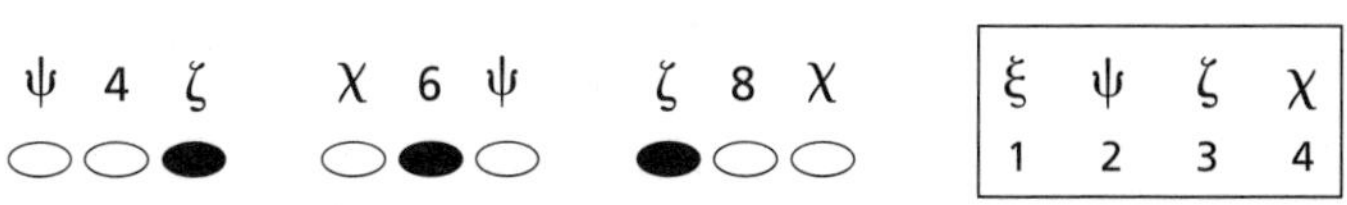

Ersetzen Sie die ersten beiden Symbole durch die zugeordneten Zahlen, so erhalten Sie die 2 und die 3. Addieren sie diese beiden Zahlen, so ist das Ergebnis 5. Da 5 größer ist als die zwischen den Symbolen stehende 4, müssen Sie das rechte Lösungsfeld (hier schwarz markiert) ankreuzen. Bei der nächsten Aufgabe erhalten Sie nach Umwandlung und Addition der Zahlen als Ergebnis 6. Da Ihr Ergebnis mit dem angebotenen Ergebnis identisch ist, müssen Sie das Feld in der Mitte markieren. Bei der letzten Beispielaufgabe erhalten Sie 7. Da diese Zahl kleiner als die angebotene Zahl ist, müssen Sie das linke Löungsfeld ankreuzen.

Für den folgenden Aufgabenblock haben Sie 3 Minuten Zeit.

Suchfeld

♐	☼	ϟ	®	Σ	♏	≈	≃	✠
5	8	6	4	1	9	2	7	3

♐	8	♏	16	®	10	≃	10	✠	1	Σ
☼	10	≈	7	✠	9	®	6	≈	3	♐
≃	13	ϟ	6	Σ	9	≈	11	ϟ	16	≃
≈	7	♐	4	☼	15	≃	11	♐	11	®
Σ	4	Σ	5	✠	9	♐	7	Σ	3	ϟ
≃	12	®	3	♐	16	≈	7	☼	4	≃
®	12	☼	9	Σ	11	®	10	Σ	2	✠
✠	14	Σ	11	ϟ	9	☼	12	®	4	Σ

BEARBEITUNGSHILFEN

Test-Tips – Worauf es ankommt

Worauf kommt es wirklich an, wenn Sie sich mit Testaufgaben, wie sie in unserem Buch präsentiert werden, auseinandersetzen müssen: Zunächst einmal auf die richtige Vorbereitung. Und da sind Sie mit der Lektüre dieses Buches ja mittendrin. Drei Aspekte sind zu berücksichtigen:

- die emotionale
- die intellektuelle und
- die organisatorische Vorbereitung.

Was heißt das? Machen Sie sich mit der Prüfungssituation „Test" bereits im Vorfeld vertraut. Größtmögliche Gelassenheit ist anzustreben. Das bedeutet einerseits die Bereitschaft, wirklich etwas dafür zu tun, damit es klappt. Andererseits darf man seine Enttäuschung nicht zu groß werden lassen, wenn es nicht auf Anhieb gelingt, den angestrebten Arbeitsplatz zu bekommen.

Machen Sie vor allem Ihr Selbstwertgefühl nicht vom Testergebnis abhängig. Das Testresultat ist kein „Gottesurteil" und sagt absolut nichts über Ihren Wert als Mensch und über Ihre angebliche (Nicht-) Eignung für einen speziellen Beruf bzw. für eine bestimmte Hierarchieebene aus.

Bauen Sie Ihre Test-, Autoritäts- und Wissenschaftsgläubigkeit ab (vgl. Testkritik u. siehe Buchhinweise S. 155), und versichern Sie sich der unterstützenden Solidarität wichtiger Personen in Ihrer Umgebung. Zeigen Sie doch einfach mal Besserwissern und Meckerern ein paar Testaufgaben, und das mit der Aufforderung, diese doch selbst einmal zu lösen ...

Ganz wichtig ist das Sammeln von Informationen über Tests und Bewerbungsverfahren bei den für Sie interessanten Arbeitgebern. Tests kann man – wie vieles im Leben – sehr gut üben (auch wenn man aus verständlichen Gründen von Testanwenderseite versucht, Ihnen gerade das auszureden ...).

Falls es bei Ihnen um einen beruflichen Einstieg geht: Bewerben Sie sich doch einfach auch mal nur unter dem Aspekt, Test- (und Bewerbungs-) Erfahrung zu sammeln. Erste Testerfahrungen sollten Sie besser nicht bei Ihrem Traum-Arbeitsplatzanbieter sammeln!

Ohne gute Organisation ist alles mindestens doppelt so schwer, und wer zu spät kommt, den bestraft das Leben. Bittere Pillen, um beim Test „cool drauf-zubleiben“ sind keine Lösung, sondern ein unkalkulierbares Risiko.

Bevor wir auf die wichtigsten Bearbeitungsregeln für Testaufgaben zu sprechen kommen, erscheint es uns unbedingt notwendig, noch einmal auf folgendes hinzuweisen:

Von wissenschaftlicher Seite wird der These entschieden widersprochen, man könne von Test- auf den Berufserfolg schließen. Es ist also wie gesagt enorm wichtig, sein Selbstwertgefühl nicht vom Testergebnis abhängig zu machen, sondern den daraus abgeleiteten angeblichen Vorhersagen kräftigst zu mißtrauen.

Nun die wichtigsten Bearbeitungsregeln für Testaufgaben:

- Nutzen Sie die Zeit der Aufgabenerklärung zu Beginn der Tests: Verdeutlichen Sie sich das Aufgaben- und Lösungsschema, versuchen Sie, sich an ähnliche, bereits gelöste Aufgaben aus Testtrainingsbüchern zu erinnern. Fragen Sie den Testleiter bei Unklarheiten, solange dazu Gelegenheit besteht.

- Arbeiten Sie so schnell wie möglich, mit einem sinnvollen Maß an Sorgfalt.

- Beißen Sie sich nicht an schwierigen Aufgaben fest, Sie verlieren sonst wertvolle Bearbeitungszeit für andere, vielleicht viel leichtere Aufgaben. In der Regel sind Testaufgaben nach steigendem Schwierigkeitsgrad angeordnet.

- Sind verschiedene Antwortmöglichkeiten vorgegeben, wenden Sie bei Zweifeln bezüglich der richtigen Lösung die folgende Strategien an:

- Versuchen Sie, falsche Lösungen zu eliminieren, um so die richtige „einzukreisen" (Ausschlußstrategie). Es ist leichter, z.B. unter zwei verbleibenden Möglichkeiten auszuwählen, als unter mehreren.

- Raten Sie notfalls lieber eine Lösung, anstatt gar nichts anzukreuzen.

Sollte es bei Ihrem nächsten Test nicht klappen, können Sie trotzdem zu den Gewinnern gehören, wenn Sie aus den Erfahrungen lernen und nicht aufgeben. Das mag zynisch klingen, ist aber die Realität. Denken Sie an Lotto-Spieler – die geben auch nicht gleich auf, wenn sie am Wochenende keine sechs Richtigen haben. Bei allem Verständnis für Mühe und Enttäuschungen: Das oberste Bewerbungsgebot heißt nun einmal heutzutage: Durchhalten, nicht aufgeben und weiter bewerben, bis es endlich klappt!

Einmal mehr muß darauf hingewiesen werden: Nicht der Hauptteil der Bewerber und der Getesteten „fällt durch“, sondern Tests und Testanwender sind die eigentlichen Versager.

Noch ein genereller Tip: Nur Tests mitmachen, wenn man sich absolut gesund fühlt und gut ausgeschlafen hat. Zusätzliche Belastungen neben dem Teststreß sind möglichst zu vermeiden, oder sollten dann dazu führen, einen neuen Testtermin zu vereinbaren. Mit einer guten Begründung kann man dies in der Regel leicht erreichen.

Pünktliches Erscheinen am Testort versteht sich von selbst. Wer abgehetzt zum Testtermin kommt, verschlechtert seine Chancen. Wichtig ist die Information über die Testdauer. Manche Tests können bis zu acht Stunden dauern. Deshalb ist es ratsam, neben Schreibzeug auch etwas Eß- und Trinkbares mitzubringen (Traubenzucker, Schokolade etc.).

In Pausen, die es hoffentlich gibt, kann ein Gespräch mit dem Nachbarn, der sicherlich genauso aufgeregt ist wie man selbst, durchaus entspannend wirken. Nach dem Test- und Bewerbungsstreß sollte man nicht vergessen, sich zu belohnen. (Was das sein könnte, weiß hoffentlich jeder selbst.)

Einige konkrete Bearbeitungshinweise für Leistungs-Konzentrations-Tests

Sicherlich der wichtigste Tip: Übung macht den Meister. Wir sagten es schon an andere Stelle. Wenn Sie den Rat beherzigen, sich nicht vom Streß zu sehr beeindrucken zu lassen und so konzentriert, sorgfältig, aber auch angemessen schnell die Aufgaben bearbeiten, wird sich auch ein gutes Ergebnis einstellen. Hier einige wenige Anregungen zu einzelnen Testtypen:

8. Zahlensuche

Jeder entwickelt sicherlich sein eigenes System, um mit diesen Aufgaben klarzukommen. Wir empfehlen, zunächst nur die untere Zeile unter dem Aspekt zu checken, ob sie größer ist als 240. Dann erst sollte der Blick nach oben gehen. Achtung: auch eventuelle Zahlen (- Zeichen) vor dem Komma beachten!

10. Zahlen/Buchstaben-Tabelle

Wenn möglich, sollten Sie versuchen, den folgenden Bearbeitungstip für diese Aufgabe zu realisieren: Es ist leichter, die Aufgabe Zeile für Zeile aus dem Buchstaben/Zahlen-Koordinatensystem zu bearbeiten, anstatt nach den Anweisungen aus dem Aufgabenblock dann oben von Zeile zu Zeile und Spalte zu Spalte hin- und herzuspringen.

Unsere Empfehlung: Sie bearbeiten zuerst alle Aufgaben, die sich mit der ersten Zeile (1) lösen lassen (verwenden Sie wenn möglich ein Lineal oder Blatt Papier zum Abdecken der restlichen Zeilen). Also: 1K, 1V, 1H, C1, 1Q, 1Y, L1 usw. Dann wird – entsprechend der Anordnung im Aufgabenblock – die zweite Zeile im oberen Koordinatensystem bearbeitet (2M, 2N, 2T, O2), dann die 12., die 8., die 6., die 18. usw.

Auf diese Weise sind die 225 Aufgaben in der vorgebenen Bearbeitungszeit durchaus zu schaffen.

14. Buchstaben/Zahlen

Auch hier ist rationelle Aufgabenbearbeitung zu empfehlen. Dabei kann man je nach Gedächtniskapazität ein oder mehrere Buchstaben und Zahlenwerte durch alle Reihen suchen und eintragen, also z.B. T und Z oder T und A oder T und H usw. Das entscheidende ist dabei, Arbeitsgänge zur Zeitersparnis zu kombinieren, da Sie in der Bewerbungsrealität mit etwa 50 dieser Zeilen konfrontiert werden.

Noch ein Hinweis: Falls Sie in Sorge sind, ob ein anderes Abarbeiten dieser Aufgaben als in der sturen, vorgegebenen Reihenfolge in Ihrer Bewerbungssituation günstig ist, verdeutlichen Sie sich folgendes: Sie zeigen durch Ihr außergewöhnliches Vorgehen – selbst wenn Sie die Aufgabe nicht bis zum Ende schaffen – Arbeits- und Organisationstalent und den Mut, neue Wege zu gehen. Das könnte Sie von anderen positiv unterscheiden, schlimmstenfalls kann die Aufgabe nicht gewertet werden, und das wäre gar nicht so gravierend.

15. Zahlen verbinden

Bei dieser Aufgabe wird von Bewerbern ein erstaunlicher Übungseffekt berichtet: Je öfter an einem solchen Test teilgenommen wurde, desto besser wurden die Ergebnisse. Folgerung: Basteln Sie sich selbst weitere Testübungsaufgaben nach diesem Strickmuster.

16. Buchstaben einkreisen

Tip: Schreiben Sie sich das Alphabet über die Aufgabe oder auf Ihren Lösungszettel. Hinweis für Leute, die erst den Testleiter fragen wollen, ob sie das dürfen: Wer viel fragt, kriegt viel Antwort.

Bearbeitungs- und Lösungsquoten

Für ein gutes Ergebnis sind etwa zu erreichen ...

gilt es zu bearbeiten ... bei einer Fehlerquote von ...

1. **Der Zwei-d/dq-Test: Bearbeitung von 70-80% bei nicht mehr als 10% Fehler**
2. **Kopfrechnen...: 30-40% u. deutlich weniger als 10% F zu Übungszwecken nehmen Sie sich pro Aufgabenblock 15 Min.Zeit**
3. **Adressen...: 80% u. weniger als 10% F**
4. **Summa...: 60-70% u. weniger als 5% F**
5. **Buchstabensalat: 70-80%**
6. **Kettenaufgaben: etwa 75% bei höchstens 5% F**
7. **Sortieren: etwa 60% bei weniger als 10% F**
8. **Zahlensuche: etwa 80%, weniger als 5% F**
9. **Gesichter: etwa 80%, weniger als 5% F**
10. **Zahlen/Buchstaben...: etwa 80%, weniger als 5% F**
11. **Listen...: etwa 80%, weniger als 5% F**
12. **Schätzen...: etwa 60%, nicht mehr als 10% F**
13. **Post...: etwa 70%, weniger als 5% F**
14. **Buchstaben...: etwa 80%, weniger als 5% F**
15. **Zahlen verbinden: bis etwa zur 20-23**
16. **Buchstaben einkreisen: etwa 60%, weniger als 10% F**
17. **Muster: um die 50%, weniger als 10% F**
18. **Wegeplan: möglichst richtig**
19. **Tabellen: etwa 90%, möglichst ohne Fehler**
20. **Buchstaben heraus...: möglichst 100%, weniger als 5% F**
21. **Farbkonzentration, 40 – 50%, weniger als 10% F**
22. **Konzentrations-Aufmerksamkeits ...: möglichst alle und richtig**
23. **Konzentrations-Rechenleistungs ...: etwa 80%, weniger als 5% F**

Liegen Sie über diesen Werten ist Ihr Ergebnis sicherlich sehr gut, bei etwa 10 bis 20% darunter immer noch befriedigend. Üben Sie weiter!

Lösungsverzeichnis

1. Der Zwei-d/bq-Test (S. 7)

1:5 / 2:7 / 3:6 / 4:7 / 5:7 / 6:5 / 7:7 / 8:5 / 9:6 / 10:10 / 11:8 / 12:7 / 13:8 / 14:5 / 15:7 / 16: 5 / 17:6 / 18:5 / 19:7 / 20:6 / 21:9 / 22:7 / 23:7 / 24:8 / 25:7 / 26:10 / 27:8 / 28:9 / 29:7 / 30:8 / 31:9 / 32:7 / 33:5 / 34:6 / 35:4 / 36:8 / 37:6 / 38:6 / 39:8 / 40:7 / 41:8 / 42:5 / 43:6 / 44:9 / 45:8 / 46:4 / 47:5 / 48:7 / 49:8 / 50:9 / 51:6 / 52:8 / 53:6 / 54:3 / 55:6 / 56:5 / 57:6 / 58:5 / 59:6 / 60:12 / 61:8 / 62:6 / 63:7 / 64:8 / 65:7 / 66:7 / 67:9 / 68:8 / 69:4 / 70:9 / 71:8 / 72:10

2. Kopfrechnen-Leistungs-Test (S. 16)

Erster Durchgang:

A:2 / B:5 / C:3 / D:2 / E:6 / F:8 / G:5 / H:7 / I:4 / J:7 / K:2 / L:1 / M:5 / N:10 / O:3 / P:1 / Q:5 / R:6 / S:3 / T:1 / U:9 / V:2 / W:8 / X:10 / Y:16 / Z:2

a:7 / b:3 / c:2 / d:2/ e:5 / f:14 / g:1 / h:11 / i:5 / j:6 / k:11 / l:2 / m:1 / n:11 / o:2 / p:6 / q:0 / r:2 / s:1 / t:16 / u:4 / v:0 / w:2 / x:12 / y:8 / z:11

1:21 / 2:5 / 3:2 / 4:2 / 5:5 / 6:2 / 7:1 / 8:2 / 9:5 / 10:6 / 11:0 / 12:2 / 13:6 / 14:15 / 15:7 / 16:2 / 17:2 / 18:3 / 19:5 / 20:16 / 21:2 / 22:4 / 23:12 / 24:6 / 25:1/ 26:6

Zweiter Durchgang:

A:2 / B:17 / C:17 / D:24 / E:6 / F:12 / G:5 / H:7 / I:18 / J:13 / K:2 / L:15 / M:5 / N:10 / O:3 / P:1 / Q:29 / R:6 / S:9 / T:15 / U:9 / V:24 / W:28 / X:10 / Y:16 / Z:2

a:7 / b:3 / c:2 / d:12/ e:25 / f:14 / g:1 / h:13 / i:15 / j:6 / k:11 / l:10 / m:21 / n:27 / o:2 / p:30 / q:8 / r:14 / s:1 / t:18 / u:18 / v:22 / w:26 / x:12 / y:8 / z:11

1:21 / 2:25 / 3:2 / 4:16 / 5:5 / 6:2 / 7:1 / 8:10 / 9:5 / 10:6 / 11:22 / 12:8 / 13:6 / 14:15 / 15:7 / 16:22 / 17:18 / 18:17 / 19:5 / 20:20 / 21:2 / 22:4 / 23:12 / 24:6 / 25:1 / 26:28

3. Adressen-Überprüfung (S. 21)

Die folgende Liste zeigt die Abschrift mit den Änderungen bzw. Fehlern gegenüber dem Original, die zur besseren Übersichtlichkeit unterstrichen sind.

In der Spalte am rechten Rand ist die Anzahl der Änderungen / Fehler pro Zeile angegeben.

Franz Bekkenbauers	67430	Bayerndorf 1, Ballplatz 175 A	T: 1234567	0
Jeremias Gotthilf	56340	Schleusendorf 2, Käferring 4	T: 036 6746	1
Egon Groschenhügel	32450	Narrenheim 15, Budikerring 12c	T: 98678	2
Schlosserei Skiele	23500	Berndow 7, Monumentenstr. 3	T: 035 2788	0
Wäscherei Weiß	77000	Miendorf 4, Döllersweg 25d	T: 086 67 57	1
Anita G. Pranglie	88500	Karlshorst 3, Wegschneiderstr. 2	T: 8645	3
Sabine K. Horney	34200	Peine 23, Heinzenhuber Weg 5	T: 7067	1
Bäckerei Schwelle	35620	Gießen 45, Hahnkampweg 256f	T: 023 56 71	2
Gernot F. Browley	65000	Sydow, Am Marktklatz 33	T: 034 56 99 00	2
Sonja S. Müllers	90560	Müllershausan, Waldstr. 6	T: 90 1668 67	4
Petra Schnellenbach	76500	Meinheim 45, Friedsaalstr. 5	T: 389 89 0	0
Fa. K.B. Vautenloh	34010	Sülze 2, Heißenstr. 163	T: 876 54 56 23	2
Fa. Max Kühlenbrod	12300	Bachelach, Heilsbrunnen 34	T: 457 23 13	1
Franz Mainzbergs	77670	Nymphenburg 4, He_rmanstr.1b	T: 12 42 14	2
Fa. Heinz Brinkmann	56390	Jellingsdorf 23, Homstr. 34	T: 56 37 24	2
Manfred H.C. Börner	75610	Hexenfurth 2, Bahnhofsstr. 34	T: 081 891	0
Gustav Gründermann	10000	Berlin 41, Calvinstr. 29	T: 0301 25 67 7	0
Dr. Gernot H. Binder	11000	Berlin 44, Robert Lück Weg 52	T: 231 56	3
Prof. Dr. H. Siebel	10020	Berlin 895, Kellerweg 361	T: 123 334 34	1

Hannemann AG Neuß	54020	Neuß 2, Am Hanelbruch 23	T: 4344 562 34	2
Fa. S. Kulperts	89000	Bellen 3, Kru_pstr. 144	T: 023 23 76 12	3
Prof. He_nigsstein	98980	Nenn 1, Innerer Weg 21c	T: 675 65 76 59	1
Harald Landsert	88111	Bremenau 56, Weißstr. 59	T: 012 45 76 65	2
Dr. Heinz P. Knall	67000	Brenner 1, Kniеßstr. 651h	T: 03 76 98 89	0
Kaiser & Sohn	66650	Hahnendorf 4, Bachga_se 44	T: 112 563 76	1
Dr. Alt & Partner	81210	Keulenbach 3, Am Feldrand 23	T: 98 98 1	0
Postspar e.V.	27560	Oldenb_urg 12, Feld_weg 114d	T: 089 38 4	2
Tierschutz Verein	76200	Bad Gastein 4, Heinzelstr. 6	T: 076 23 1	0
Lampenschirm GmbH	52380	St. Gallen 32, Am Stoppeln 5	T: 096 14 8	3
Fa. Kohl & Partner	76555	Bad Luisenau 2, Hertzstr. 30	T: 935 36 9	2
Fa. S. Lottenow	24700	Wienbad 4, Mayenberger Str.40	T: 789 894	1
Hans Dieter Böhm AG	34760	Biel 13, Herrma_zeile 147	T: 078 60 201	2
Prof. Marie Docht	22200	Bernstein 4, Waidmonnsheil 13	T: 67 67 8	2
Selmer & Co GmbH	20001	Hamburg 13, Weserstrand 6	T: 083 34 45 1 •	1
Fa.Franzenhuber OHG	22000	Weiler 1, Calvinstr. 35	T: 038 56 23 89	0
Hannes K. Beckerow	56700	Bad Lippenau, Mandelzeile 5	T: 34 67 270	0
Christian H. Welle	88800	Brahmstedt, Manichofskistr. 27b	T: 89675	1
Dr.Petra Pannovitz	75000	Heidelberg 22, An der Lahn 3a	T: 067 674	1
Fa. Rudi C. Walle	35610	Harschburg 1, Brausestr. 34c	T: 068 142	0
Fa. Dieter Schnee	12460	Keilendorf 5, Berliner Str. 145	T: 613 7	1
Ärzte Vereinigung	34900	Busenheusen 4, Fordstr. 29a	T: 56 23 916	2
Wirts_haftsdienste	78000	Werl 2, Robert-Glück-Str. 2	T: 023 1578	1
Eusebia Hügel	34546	Senkendorf 3, Reuterallee 17	T: 079 7867	4
Ede La_badia	35620	Deppendorf 89, Lausstr. 67	T: 0456 78 678	1
Gunhilde Schlecht	69000	Kellendorf 1, Lövenring 6	T: 089 561 896	1

4. Summa summarum (S. 24)

69	20	=	75	a
21	56	=	77	b
90	66			
c	d			

Bei diesem Beispiel sind a und d = falsch.

Für die 48 Aufgaben sind im folgenden nur die falschen Summen angegeben:

1:b,c / 2:b,d / 3:b,c / 4:a / 6:a,c / 7:b,c / 8:a,d / 9:a,d / 10:b,c / 11:a,b,d / 12:c / 13:a,b,d / 14:c / 15:b,d / 16:b,d / 17:d / 18:b / 19:c,d / 20:a / 21:d / 22:b / 23:b,d / 25:c,d / 26:b,d / 27:b / 28:b / 31:b / 32:c / 33:a / 35:d / 36:a / 37:c,d / 39:a / 40:a,b,d / 41:d / 43:b / 45:c / 46:c,d / 47:c,d

5. Buchstabensalat (S.27)

	1. Rätsel Pflanzen	2. Rätsel Bekleidungsstücke	3. Rätsel deutsche Städte
1.	Aster	Hut	Berlin
2.	Efeu	Jacke	Darmstadt
3.	Veilchen	Jeans	Bonn
4.	Seerose	Strümpfe	Hamburg
5.	Leberblümchen	Sommerkleid	Mainz
6.	Margerite	Latzhose	Fulda
7.	Nelke	Mütze	Passau
8.	Primel	Socken	Lüneburg
9.	Löwenzahn	Shirt	Fürth
10.	Iris	Bikini	Göttingen
11.	Rainfarn	Gummistiefel	Chemnitz
12.	Rose	Hemd	Dresden
13.	Wicke	Pyjama	Waren
14.	Enzian	Weste	Hameln
15.	Fingerhut	Trainingsanzug	Cham
16.	Distel	Smoking	Düsseldorf
17.	Akelei	Bluse	Kassel
18.	Fresie	Turnschuhe	Koblenz
19.	Königskerze	Schürze	
20.		Tuch	

In den folgenden drei Übersichten können die Positionen der versteckten Begriffe genau überprüft werden.

1. Rätsel

B	R	E	A	S	T	E	R	T	Z	U	R	U	B	S	T
C	H	I	R	X	V	E	I	L	H	Ö	E	Ä	B	R	E
V	Ü	X	L	I	E	S	L	I	E	F	A	R	G	I	E
E	B	E	C	H	W	I	Q	U	E	K	H	E	I	P	R
I	G	E	L	F	R	U	S	Ö	T	Z	E	I	N	R	M
L	Ä	R	M	S	E	E	R	O	S	E	S	M	S	I	E
C	A	E	L	C	K	Ü	S	C	H	G	L	A	S	M	I
H	O	S	E	H	L	A	U	T	I	E	Ä	D	U	E	L
E	N	B	B	U	V	E	R	K	D	I	N	U	B	L	Ä
N	A	R	E	F	R	A	G	O	A	X	Y	E	Ö	J	A
F	M	A	R	G	E	R	I	T	E	U	L	R	L	E	B
X	I	R	B	Ö	L	L	X	C	H	L	Ä	E	N	K	M
E	I	B	L	K	I	E	S	J	U	B	E	L	Q	U	E
I	S	R	Ü	B	K	E	H	T	S	C	H	E	I	N	M
N	O	N	M	U	R	D	A	R	M	S	O	N	N	A	N
L	U	S	C	H	E	L	Ö	W	E	N	Z	A	H	N	Ö
W	A	R	H	N	Ä	S	T	G	I	R	L	A	B	U	S
O	P	F	E	I	L	E	I	M	G	N	O	K	Ä	W	I
R	R	A	N	G	S	V	E	U	R	Ä	S	T	W	I	R
A	U	S	T	S	X	A	L	A	Ü	O	A	D	E	C	L
C	I	R	I	S	B	O	F	O	T	S	S	E	Ü	K	A
P	F	E	R	D	E	N	E	R	G	T	Ö	E	L	E	E
P	F	A	D	Ü	I	Ä	H	T	E	S	C	H	A	F	A
C	I	M	T	A	U	S	E	E	N	Z	I	A	N	L	U
A	N	A	R	R	S	D	W	R	T	I	G	R	E	R	F
E	G	E	R	L	O	I	S	T	E	I	M	S	I	N	R
B	E	I	L	O	S	S	E	L	H	J	I	F	R	O	E
N	R	O	I	Y	S	T	A	B	U	R	L	A	F	F	S
Ö	H	R	E	V	O	E	G	R	L	E	B	B	A	L	I
R	U	D	E	L	A	L	L	E	K	R	O	S	T	I	E
V	T	E	R	E	N	S	C	A	B	R	I	L	Z	U	M
W	I	E	G	G	L	I	M	M	E	S	C	H	U	H	L
U	R	M	E	K	Ö	N	I	G	S	K	E	R	Z	E	O

P	H	I	R	S	T	O	F	B	L	A	U	W	U	R	L
A	U	R	A	T	E	E	S	T	R	Ü	M	P	F	E	P
N	T	S	S	K	O	H	L	A	S	T	E	R	U	I	C
N	I	E	C	K	L	O	C	S	C	H	I	R	L	W	O
E	R	A	S	T	B	L	A	O	Q	U	E	L	L	E	R
H	J	A	N	T	O	R	F	M	I	E	D	R	A	S	T
O	L	E	I	S	T	E	G	M	O	R	M	Ü	T	Z	E
G	U	T	A	V	O	L	K	E	R	U	O	I	Z	A	K
I	S	A	R	N	O	R	D	R	Ä	T	R	A	H	B	E
Ü	O	H	Ä	M	S	O	N	K	U	H	D	V	O	R	N
I	C	N	I	E	D	T	Ü	L	L	E	E	R	S	I	E
C	K	Ä	H	N	U	T	A	E	S	R	A	B	E	S	T
H	E	R	D	D	R	O	M	I	K	D	S	C	H	U	Ä
U	N	D	H	I	N	T	R	D	Ü	B	I	K	I	N	I
N	Ö	T	H	E	C	K	E	J	A	G	D	V	O	L	L
D	A	S	P	L	Ü	E	G	E	N	K	L	O	S	Q	Q
O	Q	U	W	E	L	L	B	A	D	E	K	Ö	R	N	D
G	U	M	M	I	S	T	I	E	F	E	L	G	A	M	E
U	R	T	I	D	T	E	R	K	L	R	O	E	E	A	R
T	P	Y	J	A	M	A	I	O	A	W	S	H	D	G	K
F	O	R	S	T	M	T	S	C	H	E	I	N	H	I	T
A	U	T	R	A	I	N	I	N	G	S	A	N	Z	U	G
F	F	G	I	R	T	O	H	L	I	T	E	R	F	I	J
Ä	G	S	R	T	U	U	T	I	Z	E	K	L	T	U	Ö
R	E	M	I	S	C	H	I	C	K	D	E	T	U	C	H
G	Ü	O	W	E	R	T	K	Ö	S	T	F	I	S	C	H
E	R	K	L	E	K	Ö	N	M	I	E	S	A	X	E	R
R	O	I	S	L	U	T	U	R	N	S	C	H	U	H	E
W	E	N	I	B	A	L	D	X	A	V	H	Y	O	H	N
W	E	G	S	I	L	B	E	R	K	L	Ü	N	K	E	L
O	D	E	R	M	A	U	S	O	R	T	R	I	L	K	E
R	E	I	M	E	F	U	S	T	O	N	Z	E	O	O	N
T	R	N	O	U	H	E	B	E	N	B	E	D	S	T	A

B	U	N	D	E	F	E	T	Z	T	U	T	R	K	H	O
B	E	R	L	I	N	B	U	D	E	R	S	T	A	A	R
O	P	P	E	N	H	U	A	R	I	S	T	Ö	R	M	T
R	T	E	R	Z	I	T	Ö	R	B	E	N	S	I	B	A
G	E	I	G	E	S	O	M	M	E	O	R	G	I	U	L
U	N	D	E	M	U	S	T	E	R	Z	N	Ä	S	R	T
G	Q	U	R	E	A	B	E	N	D	I	Ä	N	A	G	E
E	U	A	I	D	D	I	E	S	T	E	L	K	R	O	R
L	D	E	F	E	U	I	N	N	Ö	G	E	Z	L	F	F
P	A	F	F	E	K	L	U	Z	B	F	U	L	D	A	I
A	B	L	A	S	T	U	C	H	B	A	B	Y	U	M	B
R	O	Ü	X	O	P	A	S	S	A	U	U	R	R	I	L
T	A	N	T	E	U	W	A	L	D	M	B	I	S	T	E
Y	Ü	E	R	G	P	L	A	T	T	B	F	Ü	R	T	H
H	O	B	E	G	Ü	R	T	E	L	R	O	S	A	C	K
O	R	U	N	G	Ö	R	P	A	Y	A	D	E	S	C	H
W	I	R	G	E	H	T	A	U	S	E	N	D	C	H	I
M	E	G	G	Y	Q	U	T	S	D	F	U	I	R	E	L
O	R	T	L	E	R	B	L	I	S	T	E	D	Ü	M	M
T	A	C	H	O	B	A	D	Ä	N	O	R	E	Z	N	I
E	D	R	E	S	D	E	N	F	U	G	U	R	E	I	S
L	Y	M	A	D	U	D	D	F	U	I	E	O	R	T	K
Z	U	G	E	N	K	L	O	E	N	S	C	N	A	Z	Ä
V	E	R	E	D	A	D	H	K	N	M	U	I	R	Z	T
H	A	R	M	E	D	Ü	S	S	E	L	D	O	R	F	I
O	A	E	B	F	S	C	H	I	R	M	F	U	T	T	E
W	M	M	I	U	C	H	A	M	I	S	G	E	K	O	R
I	N	M	E	I	Q	U	A	S	T	L	O	G	O	D	G
E	I	B	E	L	F	U	S	S	E	F	O	H	B	K	L
G	S	U	N	A	N	B	A	S	U	S	W	O	L	M	A
E	S	N	U	B	I	O	S	O	G	U	I	S	E	R	N
W	E	D	T	E	R	A	I	D	A	R	G	E	N	Ü	G
O	N	E	H	R	K	B	E	B	E	N	O	B	Z	Ä	E

6. Kettenaufgaben (S. 31)

A:10 / B:37 / C:24 / D:109 / E:10 / F:39 / G:6 / H:4 / I:49 / J:74 / K:45 / L:63 / M:6

7. Sortieren (S. 32)

1. Aufgabe		2. Aufgabe		3. Aufgabe		
	Code		Code	Code		Farbe
01:	0218	01:	1908	01:	10	gold
02:	1006	02:	3018	02:	22	lila
03:	2522	03:	0215	03:	17	rosa
04:	3002	04:	2613	04:	25	orange
05:	2921	05:	0817	05:	29	blau
06:	1709	06:	1721	06:	26	braun
07:	2219	07:	2704	07:	29	silber
08:	0224	08:	1303	08:	15	gelb
09:	2514	09:	2223	09:	03	rosa
10:	1915	10:	2505	10:	04	rot
11:	1627	11:	0622	11:	30	orange
12:	2228	12:	1608	12:	03	lila
13:	1219	13:	0412	13:	25	blau
14:	2530	14:	2120	14:	16	grün
15:	0520	15:	0207	15:	11	gold
16:	3004	16:	0716	16:	24	rot
17:	2525	17:	1318	17:	26	braun
18:	1714	18:	2802	18:	06	grün
19:	1901	19:	2924	19:	13	lila
20:	0312	20:	2501	20:	20	silber
21:	2515	21:	1129	21:	06	rot
22:	1227	22:	2430	22:	25	rosa
23:	2926	23:	0311	23:	19	gold
24:	1816	24:	0102	24:	29	grün
25:	2813	25:	0506	25:	30	gelb
26:	1721	26:	2609	26:	24	orange

27:	1915	27:	1210	27:	26	rosa
28:	2122	28:	1818	28:	30	lila
29:	2418	29:	0428	29:	02	grün
30:	0224	30:	1929	30:	07	rot
31:	2505	31:	1621	31:	13	grün
32:	0002	32:	3013	32:	11	blau
33:	2203	33:	2927	33:	04	lila
34:	2406	34:	0212	34:	28	orange
35:	0209	35:	1811	35:	00	gelb
36:	2907	36:	0014	36:	08	braun
37:	0910	37:	2407	37:	15	blau
38:	1101	38:	0822	38:	04	lila
39:	1304	39:	2228	39:	12	gelb
40:	1317	40:	1627	40:	23	blau

8. Zahlensuche (S. 41)

1:D / 2:BC / 3:BC / 4:CG / 5:AFG / 6:AE / 7:C / 8:DE / 9:G / 10:DG / 11:BC / 12:CG / 13:AFG / 14:AE / 15:C / 16:DE / 17:G / 18:DG / 19:E / 20:A / 21:E / 22:F / 23:DE / 24:F / 25:AC / 26:EG / 27:A / 28:BCG / 29:D / 30:C / 31:BD / 32:D / 33:AD / 34:AG / 35:AG / 36:BF / 37:DG / 38:AG / 39:A / 40:D

9. Gesichter beobachten (S. 48)

1:b / 2:a / 3:b / 4:c / 5:a / 6:c / 7:c / 8:a / 9:b / 10:c / 11:a / 12:a / 13:c / 14:b / 15:b / 16:a / 17:b / 18:c / 19:a / 20:c / 21:b / 22:a / 23:c / 24:c / 25:c / 26:b / 27:b / 28:a / 29:b / 30:a / 31:c / 32:a / 33:b / 34:a / 35:b / 36:b / 37:a / 38:a / 39:c / 40:b / 41:a / 42:c / 43:b / 44:a / 45:c / 46:b / 47:a / 48:c / 49:b / 50:c / 51:b / 52:a/ 53:a / 54:c / 55:c / 56:b / 57:a / 58:c / 59:b / 60:c / 61:b / 62:a / 63:c / 64:c / 65:a / 66:b / 67:c / 68:b / 69:a / 70:c / 71:c / 72:b / 73:a / 74:c / 75:b / 76:b / 77:a / 78:b / 79:a / 80:c

10. Zahlen/Buchstaben-Tabelle (S. 54)

1K = 4	1H = 9	5X = 4	C5 = 5	A7 = 1
O2 = 8	1V = 2	3K = 6	9Z = 6	X9 = 4
W8 = 8	N12 = 7	2M = 0	L5 = 3	Z19 = 7
B5 = 1	4H = 7	L1 = 2	12Z = 1	19H = 9
5L = 3	J7 = 2	C1 = 8	I18 = 1	8R = 9
M20 = 4	13S = 8	2N = 5	4Q = 5	P20 = 6
6G = 4	3F = 9	3R = 9	14Y = 4	2T = 5
L17 = 3	18C = 3	4D = 6	3X = 8	5Y = 4
1Q = 4	V13 = 4	13J = 9	4B = 6	5R = 3
9S = 9	G8 = 9	B2 = 4	5J = 4	3W = 7
4L = 5	7Q = 2	13K = 4	Z11 = 8	5T = 1
8R = 9	17X = 3	9D = 9	1Y = 4	I4 = 4
F33 = 8	T38 = 6	27P = 1	22D = 1	Z21 = 7
C16 = 2	31M = 3	24W = 4	35H = 4	Y37 = 9
D33 = 6	28X = 7	33T = 9	29O = 1	F39 = 5
13B = 6	G15 = 4	22X = 9	28S = 3	34Q = 5
37N = 8	9W = 5	14J = 4	28F = 5	32D = 9
37W = 0	H34 = 9	K25 = 5	18B = 3	I24 = 9
26X = 3	31O = 7	25C = 9	23P = 7	40H = 8
36F = 8	V39 = 9	4D = 6	15K = 2	30S = 7
24Y = 4	21J = 5	H25 = 1	15X = 9	33I = 5
24F = 4	28W = 2	36G = 7	39Q = 2	R31 = 4

T34 = 6	H37 = 1	X32 = 5	K27 = 7	33X = 3
29F = 6	27X = 9	32H = 8	D37 = 9	T18 = 0
N19 = 9	16W = 6	14K = 5	30F = 3	26J = 2
I19 = 3	28P = 9	29W = 2	32D = 9	4Z = 0
30C = 3	27J = 3	37F = 8	C31 = 5	Y34 = 7
26L = 4	21K = 9	F28 = 5	S32 = 9	26O = 8
24R = 2	19X = 2	16T = 3	12K = 6	38S = 4
D39 = 1	35K = 9	Z37 = 1	S35 = 7	H29 = 3
T26 = 7	M20 = 4	Q27 = 5	D35 = 1	31P = 9
22K = 9	37P = 8	25I = 6	34D = 3	29J = 4
18C = 3	Y25 = 0	31O = 7	22F = 5	17P = 7
27T = 4	32F = 7	40S = 6	W39 = 4	B31 = 7
J28 = 8	A24 = 1	17K = 4	R23 = 7	T26 = 7
30P = 4	23N = 9	16Q = 2	29Y = 9	K24 = 5
40F = 3	X31 = 8	23K = 9	C22 = 4	31I = 3
24X = 6	M26 = 3	R30 = 1	37G = 8	B40 = 1
C11 = 8	D19 = 8	T26 = 7	Q34 = 5	39P = 2
37A = 1	31X = 8	H27 = 6	D31 = 5	34I = 7
Y28 = 2	C25 = 9	W19 = 3	S23 = 7	N28 = 0
P25 = 9	C21 = 5	25W = 2	D31 = 5	S19 = 3
K23 = 9	J28 = 8	40I = 4	39H = 5	L28 = 5
F24 = 4	29S = 8	34B = 5	Y38 = 3	V23 = 5
P20 = 6	19F = 5	X22 = 9	S26 = 3	H24 = 1

11. Listenüberprüfung (S. 59)

Die folgende Liste zeigt die Abschrift mit den Änderungen bzw. Fehlern gegenüber dem Original, die zur besseren Übersichtlichkeit unterstrichen sind.
In der Spalte am rechten Rand ist die Anzahl der Änderungen / Fehler pro Zeile angegeben.

Artikel	Größe	Bestellnr.	Lieferbar	F
Nadelstreifen-Blazer	34-46	214878	in 3 Wochen	1
Hosen mit Nade_streifen	34-46	420651	sofort	2
Schnürpömps in Antikoptik	36-42	322672	sofo_t	2
Schnürpumps in Antikoptik	36-42	705670	in 3 Wochen	1
Bluse aus zweifa_bigem Gewebe	34-42	144442	in 3 Wochen	3
Rolllkragen-Pullover mit Halbarm	32-46	160217	in 3 Woohen	2
Hose mit Nadelstreifen	34-46	999343	in 3 Wochen	1
Rock mit Nadelstreifen in Patsch-Optik	34-46	254473	in 3 Wochen	1
Ledergürtel mit attraktiver Schleiße	70-110	285448	sofort	3
Weste im Trachtenlock	34-48	491159	sofort	1
Trachtenbluse, aufwen_ig verarbeitet	34-46	439911	sofort	2
Trachtenrock mit Seitenschlietzen	34-48	476229	sofort	2
Schopperssocken	35-42	445191	sofort	1
Miedergürtel aus Glatzleder	70-100	3_7930	sofort	2
Trekkingsstiefelette aus Vel_ursleder	36-46	208556	in 3 Wochen	4
Karo Hemdbluse mit Stickerei	34-46	429882	sofo_t	3
Trachtenhose mit Gürtelsch_aufen	34-48	480629	sofort	1
Janker aus kuschelweichem Material	34-48	361692	sofort	1
Gürtel aus Veloursreder	70-100	296887	sofort	2
Rollkragenpullover, in legerrer Form	34-40	338668	sofort	3
Karo-Hemdbluse mit Sticker_i	34-40	365471	sofort	2
Karo-Hemdbluse mit Stickerei	34-48	398288	sofort	1
Janker aus kuschelweichem Mater_al	34-48	112839	in 3 Wochen	2
Trachtenlose mit Gürtelschlaufen	34-46	187842	in 3 Wochen	3
Bluse mit Spitzen	34-46	305576	sofort	4

Blazer in Frischgratoptik	34-48	218443	in 3 Woch_n	2
Hose in Fischgiatmuster	34-48	4387_0	sofort	2
Bluse mit Spritze	34-44	492373	sofort	1
Rock mit Fischgratmusster	34-46	204105	in 3 Wochen	3
Jacquard-Pullover mit Stehkragen	32-50	418467	sofort	0
Hose in Fischgratmuster	34-48	370853	sofort	0
Swaetshirt aus Frottee	36-42	252040	in 3 Wochen	2
Freizeitschuh im Materialmix	36-42	386280	sofort	0
Sweatshirt mit Krapuze	36-44	258682	in 3 Wochen	1
Freizeitschuh im Materialmix	36-42	119911	in 3 Wochen	0
Schopperstocken	35-42	255599	in 3 Wochen	2
Jacke aus Lederim_tat	32-44	269362	in 3 Wochen	1
Hose mit Schlag	32-44	94510	in 3 Wochen	1
Shirt mit Prolokragen	32-44	148058	in 3 Wochen	2
Pumps in Antik-Optik	36-42	325991	sofort	0
Shirt mit Polokragen	32-46	168_37	in 3 Wochen	2
Hose mit aufgesetz_en Taschen	32-46	394956	sofort	1
Tasche aus Lachsynthetik	-alle-	452634	sofort	2
Pullover mit Jacpuardbordüre	32-42	455688	sofort	1
Karorock mit k_einen Taschen	32-45	418_86	sofort	3
Jacken aus Lederimitat	32-44	1_6680	in 3 Wochen	2
Hose mit Schlag	32-44	312317	sofort	0
Pullover mit Jacquardmunster	32-40	371402	sofort	2
Hose in moderner Schlup_form	32-46	142099	in 3 Wochen	1
Stricksacke mit Polokrogen	32-42	156432	in 3 Wochen	3
Pullover mit S_ehkragen	32-42	481185	sofort	1
Hose in moderner Schlupfnorm	32-42	321338	sofort	3
Blusen aus weichen Jursey	32-44	161394	in 3 Woohen	4
Rollkragenpullover mit Rippenstruktur	32-46	151570	in 3 Wochen	0
Strickjacke in hastiger Form	32-46	169939	in 3 Wochen	1
Rock mit Schlitzn, K-Gr.	16-27	81459	in 3 Wochen	2
Rock mit Schlitz, N-Gr.	34-46	119649	in 3 Wochen	2
Ring-Set (21tlg.)	17-19	318839	sofort	2
Shirts mit Fischgratmuster	32-42	314193	sofort	1

Westen im Fischgratdessin	32-42	29_903	sofort	3
Hüftlose im Fischgratdessin	32-44	30702	in 3 Wochen	1
Wickelrock, kurt und peppig	32-46	129303	in 3 Wochen	2
B_use, samtweich	32-46	487040	sofort	1
Rock mit Blumend_uck	32-46	339054	sofort	2
Etui-Kleid im Fischgratdesssin	32-42	651258	in 3 Wochen	2
Pump_in schöner Antik-Optik	36-42	18354	in 2 Wochen	2
Rock mit Supen-Druckdessin	36-42	355443	sofort	1
Bluse in Tonika-Form	32-44	407985	sofort	2
Hose in neuer Schluppform	32-42	853010	in 3 Wochen	2
Hemdbluse, schnal geschnitten	332-44	349012	sofort	1
Hose in Schlupfform mit Schlag	36-40	250045	in 3 Wochen	0
Stieffelette mit Blackabsatz	36-40	293351	sofort	4
Pullover aus Bouclegarn, H-Form	32-50	20432	in 3 Wochen	2
Bluse aus Satin, enge tailliert	34-44	265307	in 3 Wochen	2
Kleid aus samtweichem Vellvet	34-42	190813	in 3 Wochen	3
Hüfthose mit leich_em Schlag	32-44	227207	in 3 Wochen	1
Hosen aus Velvetstoff	32-44	10461	in 3 Wochen	1
Gürtel aus Synt_etik	70-100	33_577	sofort	2
Weste aus Velvetstoff, tail_iert	32-44	873511	in 3 Wochen	2
Stiefelette mit Plataeusohle	36-42	83926	in 3 Wochen	2
Jacket in schmaler Blazer-Form	32-42	3397_9	sofort	3
Blase aus weichem Jersey	32-44	481_56	sofort	2
Hüfthose aus weichtem Jersey	32-44	35035	in 3 Wochen	1
Bluse in engenliegender Form	32-42	181409	in 3 Wochen	2

12. Schätzaufgaben (S. 66)

A:a / B:c / C:d / D:d / E:c / F:b / G:d / H:a / I:b / J:c / K:a / L:b / M:a / N:b / O:d / P:a / Q:c / R:d

13. Post, Porto und Tarife (S. 68)

1:3,00 / 2:7,90 / 3:5,00 / 4:5,10 / 5:7,50 / 6:7,50 / 7:6,10 / 8:6,80 / 9:18,90 / 10:5,00 / 11:19,60 / 12:4,70 / 13:22,20 /

14:19,20 / 15:7,10 / 16:22,90 / 17:20,90 / 18:8,10 / 19:6,10 / 20:6,80 / 21:8,50 / 22:3,50 / 23:10,50 / 24:4,50 / 25:4,70 / 26:23,10 / 27:5,10 / 28:10,40 / 29:6,80 / 30:2,80 / 31:8,90 / 32:10,50 / 33:3,00 / 34:7,10 / 35:22,20 / 36:3,40 / 37:4,70 / 38:10,80 / 39:3,40 / 40:9,70 / 41:1,20 / 42:6,80 / 43:22,00 / 44:2,80

14. Buchstaben/Zahlen (S. 74)

A	U	G	K	L	T	Z	C	F	J	B	E	P	T	B	V	X
3	X	5	X	6	2	X	4	X	0	8	X	7	2	8	X	X

1. Aufgabe

1.

K	C	M	P	D	P	N	J	O	B	M	F	D	T	R	Z
X	4	X	7	X	7	X	0	X	8	X	X	X	2	X	X

2.

Z	R	D	V	J	O	P	S	E	J	L	B	C	M	H	O
X	X	X	X	0	X	7	X	X	0	6	8	4	X	8	X

3.

O	P	T	Z	E	R	W	A	D	C	X	Y	B	G	I	K
X	7	2	X	X	X	X	3	X	4	X	9	8	5	1	X

4.

K	H	G	F	D	S	A	Q	W	E	R	T	Z	U	I	O
X	8	5	X	X	X	3	X	X	X	X	2	X	X	1	X

5.

J	A	P	T	Z	B	C	V	H	L	O	B	X	I	A	C
0	3	7	2	X	8	4	X	8	6	X	8	X	1	3	4

6.

A	B	Y	X	N	M	C	V	W	R	T	D	L	H	G	I
3	8	9	X	X	X	4	X	X	X	2	X	6	8	5	1

7.

O	T	H	J	D	S	O	L	A	U	T	Z	R	G	B	Y
X	2	8	0	X	X	X	6	3	X	2	X	X	5	8	9

8.	J	L	S	A	L	M	U	I	J	T	Z	R	E	D	L	H
	0	6	X	3	6	X	X	1	0	2	X	X	X	X	6	8

9.	C	H	T	E	W	K	L	G	H	D	I	O	U	T	R	W
	4	8	2	X	X	X	6	5	8	X	1	X	X	2	X	X

10.	F	R	E	H	L	A	P	X	Y	V	C	D	R	T	K	O
	X	X	X	8	6	3	7	X	9	X	4	X	X	2	X	X

11.	D	E	J	B	F	K	O	J	Z	R	H	D	G	K	V	S
	X	X	0	8	X	X	X	0	X	X	8	X	5	X	X	X

12.	H	Z	G	J	L	F	B	K	V	K	M	I	L	U	O	H
	8	X	5	0	6	X	8	X	X	X	X	1	6	X	X	8

13.	U	E	R	F	G	Y	G	I	C	L	K	F	P	B	Y	X
	X	X	X	X	5	9	5	1	4	6	X	X	7	8	9	X

14.	K	O	T	F	D	I	H	E	C	O	I	G	E	W	Q	O
	X	X	2	X	X	1	8	X	4	X	1	5	X	X	X	X

15.	Z	U	R	V	D	D	W	O	K	H	Z	F	C	S	T	L
	X	X	X	X	X	X	X	X	X	8	X	X	4	X	2	6

16.	P	I	H	K	O	C	S	T	Z	D	L	Z	A	R	C	X
	7	1	8	X	X	4	X	2	X	X	6	X	3	X	4	X

17.	W	S	G	T	A	J	Z	J	G	H	J	X	C	V	B	E
	X	X	5	2	3	0	X	0	5	8	0	X	4	X	8	X

18.	D	F	Y	X	G	C	J	G	J	R	O	U	I	Z	U	K
	X	X	9	X	5	4	0	5	0	X	X	X	1	X	X	X

19.

G	H	I	K	L	I	T	C	Y	A	B	V	H	T	P	C
5	8	1	X	6	1	2	4	9	3	8	X	8	2	7	4

20.

F	R	E	W	S	O	J	G	R	A	B	T	L	O	Z	R
X	X	X	X	X	X	0	5	X	3	8	2	6	X	X	X

21.

W	R	H	G	I	A	B	Y	P	J	K	G	Z	J	R	E
X	X	8	5	1	3	8	9	7	0	X	5	X	0	X	X

22.

T	Z	F	R	H	K	A	H	J	K	L	O	I	U	Z	R
2	X	X	X	8	X	3	8	0	X	6	X	1	X	X	X

23.

I	G	H	T	F	D	V	B	L	K	N	G	R	G	U	H
1	5	8	2	X	X	X	8	6	X	X	5	X	5	X	8

2. Aufgabe

1.

F	H	R	O	J	U	A	T	R	V	N	F	R	V	Z	D
8	X	6	X	X	5	X	8	6	6	3	8	6	6	9	4

2.

G	J	G	F	R	E	I	L	K	O	Z	B	V	C	D	E
X	X	X	8	6	7	1	X	X	X	9	X	6	X	4	7

3.

L	H	U	T	B	F	R	G	B	F	D	S	E	W	L	B
X	X	5	8	X	8	6	X	X	8	4	2	7	X	X	X

4.

H	D	W	S	U	N	V	C	R	G	T	F	D	E	L	R
X	4	X	2	5	3	6	X	6	X	8	8	4	7	X	6

5.

V	D	Z	G	X	C	V	D	H	J	G	E	T	U	Z	R
6	4	9	X	X	X	6	4	X	X	X	7	8	5	9	6

6.

L	J	H	R	O	V	W	S	C	T	N	D	F	E	H	R
X	X	X	6	X	6	X	2	X	8	3	4	8	7	X	6

7.

F	J	N	G	D	E	I	L	M	H	F	T	B	F	E	U
8	X	3	X	4	7	1	X	X	X	8	8	X	8	7	5

8.

G	F	J	G	S	Z	T	I	N	H	D	T	R	D	F	H
X	8	X	X	2	9	8	1	3	X	4	8	6	4	8	X

9.

I	N	F	S	J	L	O	R	P	Z	D	T	I	F	C	V
1	3	8	2	X	X	X	6	X	9	4	8	1	8	X	6

10.

D	G	S	U	O	N	F	C	X	S	F	D	H	Y	X	R
4	X	2	5	X	3	8	X	X	2	8	4	X	X	X	6

11.

I	F	C	S	K	H	F	E	T	U	T	S	T	U	E	F
1	8	X	2	X	X	8	7	8	5	8	2	8	5	7	8

12.

E	T	W	F	S	L	D	C	V	X	S	O	Z	G	S	D
7	8	X	8	2	X	4	X	6	X	2	X	9	X	2	4

13.

A	D	X	J	G	L	K	M	N	B	V	F	U	D	E	D
X	4	X	X	X	X	X	X	3	X	6	8	5	4	7	4

14.

H	C	V	L	J	O	P	M	H	T	R	S	Z	F	H	J
X	X	6	X	X	X	X	X	X	8	6	2	9	8	X	X

15.

B	F	D	S	R	W	Z	I	J	G	Z	L	O	K	N	Z
X	8	4	2	6	X	9	1	X	X	9	X	X	X	3	9

16.

J	F	S	T	Z	I	H	F	H	K	H	L	O	I	G	T
X	8	2	8	9	1	X	8	X	X	X	X	X	1	X	8

17.

H	F	S	U	Z	R	V	M	L	K	O	P	D	S	R	T
X	8	2	5	9	6	6	X	X	X	X	X	4	2	6	8

18.	A	D	R	Z	I	K	H	F	U	K	H	G	L	O	U	T
	X	4	6	9	1	X	X	8	5	X	X	X	X	X	5	8
19.	L	J	G	T	E	C	I	U	Z	T	F	O	B	M	N	F
	X	X	X	8	7	X	1	5	9	8	8	X	X	X	3	8
20.	T	G	S	K	I	N	O	P	G	J	G	T	H	R	Q	K
	8	X	2	X	1	3	X	X	X	X	X	8	X	6	X	X
21.	H	R	S	K	I	Z	G	J	G	T	K	O	H	L	H	K
	X	6	2	X	1	9	X	X	X	8	X	X	X	X	X	X
22.	H	F	D	U	Z	E	S	W	R	G	J	F	L	O	M	G
	X	8	4	5	9	7	2	X	6	X	X	8	X	X	X	X
23.	D	R	W	Q	E	F	C	B	H	J	K	H	J	K	L	U
	4	6	X	X	7	8	X	X	X	X	X	X	X	X	X	5
24.	G	R	W	Q	D	G	J	K	G	Z	K	O	U	N	G	J
	X	6	X	X	4	X	X	X	X	9	X	X	5	3	X	X
25.	H	F	W	E	U	I	O	L	M	G	C	D	S	X	C	V
	X	8	X	7	5	1	X	X	X	X	X	4	2	X	X	6

15. Zahlen verbinden (S. 81)

Wenn Sie in 30 Sekunden etwa 15 Zahlen verbinden, ist das ganz ordentlich. Wenn Sie mehr schaffen, um so besser. Weniger als 10 sollten Sie sich nicht leisten.

16. Buchstaben einkreisen (S. 87)

		Anzahl
1.	u g k l o b u s o j e (c d e) k p d e g k a q r n m g d b f n m l	1
2.	a b k n x y h j f (a b c) l b v c x g h l n l f l m x a x e r z f j h k	1
3.	t h k l u i r s e f j a b i p k o m b c (g (h i) j) r d c d s z z s g d	2
4.	(k l m) g f d e r s j o l b c a b x c x v x s x y b k u b u m u v e	1
5.	(h i j) g d r t u c f (c d e) t n k l p q d r d t d u d b d e c m a x	2
6.	s f j t z h u j i k o l z h k g g b f v d c s x a y j m h n g f l h o f	0
7.	y d x y h t g b d v c (h (i (j) k) l) o i u z t r e d s t z u i o p s v	3
8.	l h k l u i r s e c d a b h r k o m b c (g (h i) j) r d c d s z z s f	2
9.	a b m g f d e r s j o l b c a b x c x v x s x y b k u b u m u d s	0
10.	d m o g d r t u c f (c d e) t n k l p q d r d t d u d b d e c m d k	1
11.	h s t h v n k (o p q) w s y d s a r b k f i o h z d r (e f g) j e r	2
12.	d s v g h j w e t u x c v s n (m n o) w e (r (s t) u) c (v w x) s d h	4
13.	a x c (f g h) u z w e d (f g h) k l s a w x c g j k b x s g u l o t r z u	2
14.	a y x d (f g h) j k x y z a c b (j (k l) m) w c (f g h) l w v h o p d f	4
15.	v s e g u i o l j (d e f) s d c b j l g t i o c d w e (n o p) s a b s d	2
16.	b s d f e g h e h t z u (r (s t) u) s r j z c s x n k l u b t n e j g t h	2
17.	c s x f h n k t b s (i j k) s d f g r (l m n) r s w (f g h) o d (x y z) d g	4

17. Muster vergleichen (S. 90)

A:c / B:c / C:a / D:b / E:c / F:a / G:b / H:a / I:c / J:c / K:a / L:c / M:b / N:a / O:c / P:a / Q:b / R:c / S:a / T:b / U:a / V:c

A

a

/	x		x	o	/	x
x	/	o	o		x	o
	x	/	x	o	/	/
	o		o	/	/	o
x	/	x		/	x	x
	/	/	o	x	o	x
	x	x	o	x		o

b

/	x		x	o	/	x
x	/	o	o		x	o
	x	/	x	o	/	/
	o		o	/	/	o
x	/	x		/	x	x
	/	/	o	x	o	x
	x	x	o	x		o

c

/	x		x	o	/	x
x	/	o	o		x	o
	x	/	x	o	/	/
	o		o	/	/	o
x	/			/	x	x
	/	/	o	x	o	x
	x	x	o	x		o

B

a

	o		/			/
x		x		o	x	x
	o	o	o	x		/
x	x		x	/	o	o
		/	o	/		x
x	/	x	o	x		x
	/		o		/	o

b

	o		/			/
x		x		o	x	x
	o	o	o	x		/
x	x		x	/	o	o
		/	o	/		x
x	/	x	o	x		x
	/		o		/	o

c

	o		/			/
x		x		o	x	x
	o	o	o	x	o	/
x	x		x	/	o	o
		/	o	/		x
x	/	x	o	x		x
	/		o		/	o

C

a

/		/	o	o	/	
x	o	/		x	o	x
/	x	o	o		/	o
o	x	x	/	x	o	x
o		/	/	x	/	o
o	x	o	x	o	x	x
		x		o	x	o

b

/		/	o	o	/	
x	o	/		x	o	x
/	x	o	o		/	o
o	x	x		x	o	x
o		/	/	x	/	o
o	x	o	x	o	x	x
		x		o	x	o

c

/		/	o	o	/	
x	o	/		x	o	x
/	x	o	o		/	o
o	x	x		x	o	x
o		/	/	x	/	o
o	x	o	x	o	x	x
		x		o	x	o

D

a

	x	x			x	
x	/		o	o	x	/
	/	x	x		x	
	x	x	/	o	/	
	/		x	o		/
x	x	x		o	x	/
		/	/	/	x	

b

	x	x			x	
x	/		o	o	x	/
	/	x	x		x	
	x	x	/	o	/	o
	/		x	o		/
x	x	x		o	x	/
		/	/	/	x	

c

	x	x			x	
x	/		o	o	x	/
	/	x	x		x	
	x	x	/	o	/	
	/		x	o		/
x	x	x		o	x	/
		/	/	/	x	

E

a

x	/	/	o		x	x
	x		/	/		o
	o	x	/	x	o	
o		x	/	o	/	o
o		o		x	x	
/	o	/	/	o	/	o
	x		x	x		o

b

x	/	/	o		x	x
	x		/	/		o
	o	x	/	x	o	
o		x	/	o	/	o
o		o		x	x	
/	o	/	/	o	/	o
	x		x	x		o

c

x	/	/	o		x	x
	x		/	/		o
	o	x	/	x	o	**x**
o		x	/	o	/	o
o		o		x	x	
/	o	/	/	o	/	o
	x		x	x		o

F

a

x			o			/
	x	/	x	o	x	o
		x	/	/	o	
o		**o**	x			/
	o		/	x	/	
x	/	o			x	
	/		o			x

b

x			o			/
	x	/	x	o	x	o
		x	/	/	o	
o			x			/
	o		/	x	/	
x	/	o			x	
	/		o			x

c

x			o			/
	x	/	x	o	x	o
		x	/	/	o	
o			x			/
	o		/	x	/	
x	/	o			x	
	/		o			x

G

a

	o	x	/	o	/	
/	o	/	o	x	o	o
/	o	/	x		x	/
	x	x	/	x		/
o	x		o	o	o	/
o	x	o		x	x	
		x	/	/	/	

b

	o	x	/	o	/	
/	o	/	o	x	o	o
/	o	/	x		x	/
	x	x	/	x		/
o	x		o	o	o	/
	x	o		x	x	
		x	/	/	/	

c

	o	x	/	o	/	
/	o	/	o	x	o	o
/	o	/	x		x	/
	x	x	/	x		/
o	x		o	o	o	/
o	x	o		x	x	
		x	/	/	/	

H

a

/	/	/	o	/	x	
/	x		x	/	o	o
	/	/	o	o	o	x
o	o	x		/	x	
	x	/	x		/	/
o	o		**x**	x	/	
x	o	o	/	/	x	o

b

/	/	/	o	/	x	
/	x		x	/	o	o
	/	/	o	o	o	x
o	o	x		/	x	
	x	/	x		/	/
o	o			x	/	
x	o	o	/	/	x	o

c

/	/	/	o	/	x	
/	x		x	/	o	o
	/	/	o	o	o	x
o	o	x		/	x	
	x	/	x		/	/
o	o			x	/	
x	o	o	/	/	x	o

I

a

	x	x	/	x	x	/
/	/	o	/		o	/
x	/	o	x	o	/	x
o	x	o	o	x	o	/
o	/	/	x	o	x	o
	x	x	x		o	x
o	o	x	/	/	x	

b

	x	x	/	x	x	/
/	/	o	/		o	/
x	/	o	x	o	/	x
o	x	o	o	x	o	/
o	/	/	x	o	x	o
	x	x	x		o	x
o	o	x	/	/	x	

c

	x	x	/	x	x	/
/	/	o	/		o	/
x	/	o	x	o	/	x
o	x	o		x	o	/
o	/	/	x	o	x	o
	x	x	x		o	x
o	o	x	/	/	x	

J

a

	/	/	o	/	/	o
	o	x	o	x	o	/
x	x	o	/	o	/	/
	o	/	x	x	x	o
	/	/	o	/	/	o
x		x	/	x	o	x
	o	o		o		x

b

	/	/	o	/	/	o
	o	x	o	x	o	/
x	x	o	/	o	/	/
	o	/	x	x	x	o
	/	/	o	/	/	o
x		x	/	x	o	x
	o	o		o		x

c

	/	/	o	/	/	o
	o	x	o	x	o	/
x	x	o	/	o	/	/
	o	/	x	x	x	o
	/	/	o	/	/	o
x	/	x	/	x	o	x
	o	o		o		x

K

a

	/	/	/	o	/	
x		o	x	o	o	o
	x	x	o	x	/	o
/		/	o	o	x	
/	x	o		x	/	o
/		/	x	/	o	/
	/	x		/	x	o

b

	/	/	/	o	/	
x		o	x	o	o	o
	x	x	o	x	/	o
/		/	o	o	x	
/	x	o		x	/	o
/	o	/	x	/	o	/
	/	x		/	x	o

c

	/	/	/	o	/	
x		o	x	o	o	o
	x	x	o	x	/	o
/		/	o	o	x	
/	x	o		x	/	o
/	o	/	x	/	o	/
	/	x		/	x	o

L

a

x	x	/	x	/	o	x
	x		/	o	x	x
	/	x	/	/	o	/
	/		x		o	x
/	o	x		o	x	o
	x	o	x		/	o
	/	o		x		/

b

x	x	/	x	/	o	x
	x		/	o	x	x
	/	x	/	/	o	/
	/		x		o	x
/	o	x		o	x	o
	x	o	x		/	o
	/	o		x		/

c

x	x	/	x	/	o	x
	x		/	o	x	x
	/	x	/	/	o	/
	/		x	o	o	x
/	o	x		o	x	o
	x	o	x		/	o
	/	o		x		/

M

a

o	o	x	/	o	/	x
	x		x	x	/	x
o		/	/	x	o	
	x		x	o	/	x
o	/	x	/		o	/
	/	/	x	o	o	/
	o	o		/	/	

b

o	o	x	/	o	/	x
	x	**/**	x	x	/	x
o		/	/	x	o	
	x		x	o	/	x
o	/	x	/		o	/
	/	/	x	o	o	/
	o	o		/	/	

c

o	o	x	/	o	/	x
	x		x	x	/	x
o		/	/	x	o	
	x		x	o	/	x
o	/	x	/		o	/
	/	/	x	o	o	/
	o	o		/	/	

N

a

o		/	/		o	x
/	/	x	o	/	o	x
/	/	x	x	/	x	/
o	x	/		o	/	x
	x	/	x	o	x	/
o	x	/	o	**o**	x	
	x	x	o	x		/

b

o		/	/		o	x
/	/	x	o	/	o	x
/	/	x	x	/	x	/
o	x	/		o	/	x
	x	/	x	o	x	/
o	x	/	o		x	
	x	x	o	x		/

c

o		/	/		o	x
/	/	x	o	/	o	x
/	/	x	x	/	x	/
o	x	/		o	/	x
	x	/	x	o	x	/
o	x	/	o		x	
	x	x	o	x		/

O

a

		/		/	o	
x		o	o	/	/	
		o			x	o
/			o	x	x	
/		o			x	o
/	/		o	x	/	
	o			x		

b

		/		/	o	
x		o	o	/	/	
		o			x	o
/			o	x	x	
/		o			x	o
/	/		o	x	/	
	o			x		

c

		/		/	o	
x		o	o	/	/	
		o			x	o
/			o	x	x	
/		o		**o**	x	o
/	/		o	x	/	
	o			x		

P

a

/	x	o	/	x	o	
		x	/			/
o	o	/	o	o	/	
x		x	o		o	x
/		/		x		x
	x				/	o
	/	o	o	/		

b

/	x	o	/	x	o	
		x	/			/
o	o	/	o	o	/	
x		x	o		o	x
/		/		x		x
	x			x	/	o
	/	o	o	/		

c

/	x	o	/	x	o	
		x	/			/
o	o	/	o	o	/	
x		x	o		o	x
/		/		x		x
	x			x	/	o
	/	o	o	/		

Q

a

	/		o	/	/	
o		x		o		/
	o	x	/	x	/	
	/	/		/		x
	o		x	o		x
o		x			/	
	o		/	o		

b

	/		o	/	/	
o		x		o		/
	o	x	/	x	/	
	/			/		x
	o		x	o		x
o		x			/	
	o		/	o		

c

	/		o	/	/	
o		x		o		/
	o	x	/	x	/	
	/	/		/		x
	o		x	o		x
o		x			/	
	o		/	o		

R

a

/	x	x	o	/	x	
/	x		x	/	x	x
	/	x	o	o	o	x
o	o	x		/	x	
	x	/	x		o	/
o	/		x	x	/	
x	/	o	/	/	x	o

b

/	x	x	o	/	x	
/	x		x	/	x	x
	/	x	o	o	o	x
o	o	x		/	x	
	x	/	x		o	/
o	/		x	x	/	
x	/	o	/	/	x	o

c

/	x	x	o	/	x	
/	x		x	/	x	x
	/	x	o	o	o	x
o	o	x		/	x	
	x	/	x		o	/
o	/		x	x	/	
x	/	o	/	/	x	o

S

a

	/	x	o		x	/
/	x	o	x	x	o	/
	o	/	x	/	o	o
o	/	x		x	o	/
o	o	o	/	/	x	o
	/	/		x	o	/
x		x		x		x

b

	/	x	o		x	/
/	x	o	x	x	o	/
	o	/	x	/	o	o
o	/	x		x	o	/
o	o	o	/	/	x	o
		/		x	o	/
x		x		x		x

c

	/	x	o		x	/
/	x	o	x	x	o	/
	o	/	x	/	o	o
o	/	x		x	o	/
o	o	o	/	/	x	o
		/		x	o	/
x		x		x		x

T

a

	o		/	/	o	/
/	/	x	x	o	o	o
	o	o	o	x	o	/
x	x		x	/	o	o
	x	x	o	/	/	x
x	/	x	o	x		x
	/		o		/	o

b

	o		/	/	o	/
/	/	x	x	o	o	o
	o	o	o	x		/
x	x		x	/	o	o
	x	x	o	/	/	x
x	/	x	o	x		x
	/		o		/	o

c

	o		/	/	o	/
/	/	x	x	o	o	o
	o	o	o	x	o	/
x	x		x	/	o	o
	x	x	o	/	/	x
x	/	x	o	x		x
	/		o		/	o

U

a

	o	x	/	o	/	x
/	o	/	/	x	o	o
/	o	/	/		x	/
	x	x	o	x	/	/
o	x	o	o	o	o	/
	x	o	x	x	x	
		x	x	/	/	

b

	o	x	/	o	/	x
/	o	/	/	x	o	o
/	o	/	/		x	/
	x	x	o	x	/	/
o	x		o	o	o	/
	x	o	x	x	x	
		x	x	/	/	

c

	o	x	/	o	/	x
/	o	/	/	x	o	o
/	o	/	/		x	/
	x	x	o	x	/	/
o	x		o	o	o	/
	x	o	x	x	x	
		x	x	/	/	

V

a

x	x	/	x	/	x	x
/	x	o	/	o	x	x
/	/	x	/	/	/	/
/	/	o	x	o	/	x
/	o	x		o	o	o
o	x	o	x		o	o
o	/	o		x		/

b

x	x	/	x	/	x	x
/	x	o	/	o	x	x
/	/	x	/	/	/	/
/	/	o	x	o	/	x
/	o	x		o	o	o
o	x	o	x		o	o
o	/	o		x		/

c

x	x	/	x	/	x	x
/	x	o	/	o	x	x
/	/	x	/	/	/	/
/	/	o	x	o	/	x
/	o	x	/	o	o	o
o	x	o	x		o	o
o	/	o		x		/

18. Wegeplan (S. 97)

Beste Lösung:

von	nach	Wegezeit in Minuten	Gesprächszeit in Minuten
Zentrale	A	7	3
A	B	4	3
B	C	4	3
telefon.	D		3
	E		3
	F		3
C	Zentrale	5	
		20	18

Gesamtzeit: 38 Minuten

Bitte beachten Sie, daß Sie kein funktionierendes Telefon in der Zentrale haben, und vergessen Sie nicht, den Rückweg in die Zentrale zu berechnen.

19. Tabellen-Konzentrations-Test (S. 98)

1: a ist bester (2,7), e ist schlechtester Azubi (4,4)
2: Ausbilder A, B und E (mit Beurteilung 3)
3: Da jeder Ausbilder jede Note einmal vergibt, gibt es keine solche Tendenz.
4: Die Antwort zu 3 trifft hier mit anderen Vorzeichen ebenfalls zu.
5: Der Notendurchschnitt ist bei allen (siehe 3) gleich (3,5).

20. Buchstaben heraussuchen (S. 100)

Absatz	Text	gefundene Buchstaben
1	**1. Die Suche nach Informationen über Arbeitgeber im Internet** Gleichgültig, ob Sie gerade Ihre Bewerbungsmappe zusammenzustellen oder ob Sie bereits einen Termin für ein Vorstellungsgespräch haben: Ihre erste Pflicht als Bewerber ist es, sich so gründlich wie möglich über potentielle Arbeitgeber zu informieren.	ä: 1 ö: 1 ü: 5 sch: 0 st: 3 ch: 8
2	Da Sie sich gezielt als optimaler „Problemlöser" für das Unternehmen profilieren und anbieten wollen, müssen Sie zunächst wissen, vor welchen Herausforderungen dieser spezielle Arbeitgeber steht. Wird in einem Betrieb zum Beispiel gerade über die Einführung neuer Modelle der Gruppenarbeit in der Fertigung	ä: 2 ö: 1 ü: 5 sch: 4 st: 4 ch: 9

nachgedacht, dann sollten Sie sich vor dem Zusammenstellen Ihrer Bewerbungsmappe eventuell noch einmal mit dem Thema „Arbeitswissenschaft" beschäftigen. Wenn Sie dagegen aus dem Netz erfahren, daß Ihr potentieller Arbeitgeber große Projekte mit skandinavischen Firmen gestartet hat, heben Sie bei Ihrer Bewerbung natürlich Ihre profunden nordischen Sprachkenntnisse besonders hervor.

3 Um das Internet als Quelle für Informationen über   ä: 1
Unternehmen zu nutzen, reicht es meist aus, den Fir-   ö: 1
mennamen auf folgende Weise einzugeben: *www.*   ü: 8
(Firmenname).de für deutsche Firmen, bei US-ame-   sch: 4
rikanischen benutzen Sie *www.(Firmenname).com*   st: 2
(*http://* am Anfang nicht vergessen!). Bei europäischen   ch: 5
Unternehmen gelten die Endungen *.it* für Italien, *.uk* für Großbritannien, *.fr* für Frankreich, *.ch* für Schweiz und *.at* für Österreich.

4 Werden Sie auf diese Weise nicht fündig, so rufen Sie   ä: 2
mit Hilfe des Buttons *Suchen (Search)* eine der Such-   ö: 2
maschinen auf. Die gängigsten heißen *Yahoo, Excite,*   ü: 1
Lycos und *Infoseek*. Obwohl diese Suchmaschinen   sch: 4
ähnliche Ergebnisse liefern, ist jede unterschiedlich   st: 3
organisiert und geht andere Wege zu den von Ihnen   ch: 9
benötigten Informationen. *Excite* und *Yahoo* bieten zum Beispiel schon auf der Startseite Rubriken wie Business, Travel oder auch Job und Karriere an. Diese können Sie zu Beginn aktivieren und damit Ihre Suche weiter spezifizieren.

5 Als erstes sollten Sie auf jeden Fall die Suchhilfe, eine   ä: 3
Art Bedienungsanleitung der jeweiligen Suchmaschi-   ö: 2

ne, durchlesen. Meist befindet sich direkt neben dem Suchfeld ein *SeekHelp*- oder *Suchhilfe-Button*, mit dem Sie praktische Tips zur Vereinfachung Ihrer Suche aufrufen können. Das kostet Sie zunächst vielleicht fünf Minuten Zeit, wird Ihnen aber letztlich viel Ärger und Mühe ersparen. Wer nicht lernt, so effizient wie möglich im Netz zu suchen, verliert sich leicht in der Fülle der angebotenen Informationen und wird sich über seine nächste Telefonrechnung wundern.

ü: 4
sch: 2
st: 5
ch: 19

6 Nachdem Sie Ihren Suchbegriff eingegeben haben, „spuckt" der Rechner eine ganze Reihe von Internet-Adressen aus, die in irgendeiner Form mit den Suchbegriffen zu tun haben. Diese Adressen sind zu den Seiten der Firmen „gelinkt". Das bedeutet: Sie können durch Anklicken auf der Liste direkt zu den gesuchten Homepages gelangen.

ä: 0
ö: 1
ü: 0
sch: 0
st: 1
ch: 6

7 Dort finden Sie in der Regel bereits eine Fülle von Informationen, die allerdings nicht linear aufgebaut sind wie in einer Broschüre. Ein Printmedium gibt durch seinen Aufbau vor, in welcher Reihenfolge die Informationen vom Leser aufzunehmen sind. Auf den Seiten des Internets dagegen kann der Leser nach eigenem Gusto hin und her springen. Er findet mit der Suchfunktion des jeweiligen Unternehmens Informationen gezielt und schnell und kann Querverweise nutzen. Sind Begriffe farblich abgesetzt, gelangt der User durch Anklicken dieser Links automatisch auf andere Seiten des Internets, beispielsweise auf die von Kooperationspartnern und Zulieferern des Unternehmens.

ä: 0
o: 0
ü: 2
sch: 3
st: 1
ch: 7

8 Beachten Sie folgendes Defizit: Obwohl das Internet prinzipiell die Möglichkeit einer ständigen Aktualisierung der präsentierten Informationen bietet, verfügen viele Unternehmen noch nicht über eine adäquate Internetbetreuung. Das hängt möglicherweise damit zusammen, daß sich diese Art der Mitarbeiterrekrutierung bisher nicht allgemein durchsetzen konnte. Zwar nutzen bislang knapp 70 Prozent aller Großunternehmen das Internet zur Mitarbeitersuche, aber lediglich 40 Prozent der mittleren und 20 Prozent der kleinen Unternehmen.

ä: 4
ö: 2
ü: 2
sch: 0
st: 1
ch: 10

9 **2. Die Suche nach Stellenangeboten auf den Webseiten von Zeitungen**
Auch wenn das Reagieren auf Stellenangebote nicht das primäre Anliegen des Initiativbewerbers ist: Auf den Webseiten der *Frankfurter Allgemeinen Zeitung*, der *Süddeutschen*, von *Handelsblatt* und *Zeit* finden Sie interessante Stellenangebote. Manche dieser Seiten machen von den technischen Möglichkeiten des Netzes Gebrauch und sind interaktiv gestaltet. Sie können sich von dort also direkt auf die Seiten der inserierenden Firmen klicken. Im allgemeinen werden aber einfach nur die gedruckten Anzeigenseiten der Zeitungen ins Internet übernommen.

ä: 1
ö: 2
ü: 2
sch: 2
st: 5
ch: 11

10 Für Sie als Bewerber bietet die Suche auf den Internetseiten der Zeitungen vor allem dann Vorteile, wenn Sie sich in internationalen Publikationen oder mehreren Zeitungen gleichzeitig umsehen wollen. Das Internet erspart Ihnen den Weg zum Bahnhofskiosk. Achten Sie in jedem Fall auf die Aktualität der

ä: 1
ö: 0
ü: 1
sch: 2
st: 1
ch: 7

Anzeigen. Theoretisch ist das Internet zwar ein hoch-
aktuelles Medium, die elektronischen Anzeigen der
Zeitungen sind jedoch nicht immer up to date.

11 Die Internet-Adressen der jeweiligen Printmedien fin- ä: 1
den Sie in den Zeitungen selbst, meistens im Impres- ö: 1
sum. Sie können natürlich auch nach den elektroni- ü: 2
schen Adressen via Suchmaschine fahnden. Wenn Sie sch: 2
auf diese Weise erst einmal auf der richtigen Home- st: 6
page gelandet sind, klicken Sie sich von dort auf den ch: 10
Anzeigenmarkt weiter. Als *starting point* ist der Anzei-
genmarkt der Wochenzeitung *Die Zeit www.jobs.zeit.de*
zu empfehlen, denn er ist übersichtlich organisiert und
man gelangt von dort zu anderen Anzeigenmärkten,
vorausgesetzt, diese sind funktional eingerichtet.

12 Ein weiterer Tip: Auch Fachzeitungen und -zeitschrif- ä: 0
ten bieten Stelleninserate im Internet. Wenn Sie also ö: 1
schon genau wissen, welchen Bereich Sie anstreben, ü: 0
sollten Sie auch in kleineren, möglicherweise hoch- sch: 2
spezialisierten Fachpublikationen suchen. st: 2
ch: 9

13 **3. Die Suche nach Stellenangeboten auf den Seiten** ä: 2
der Firmen ö: 2
Viele Firmen unterhalten eigene Stellenmärkte. Das ü: 0
bedeutet, daß Sie sich von der Homepage aus zu den sch: 2
Seiten mit den freien Stellen klicken können. Dabei st: 5
sollten Sie sich nicht blenden lassen von schönen ch: 13
Angeboten und großen Versprechungen, die Ihnen
die Firmen dort machen. Schließlich geht es bei
Stellenangeboten immer auch um ein bißchen
Imagepflege und den Beweis „Wir sind innovativ und

so erfolgreich, daß wir auch in der Rezession noch Leute einstellen". Mit der Realität hat das oft wenig zu tun.

14 Die Jobseiten der Firmen sind in einigen Fällen mit einer Funktion verknüpft, über die sich ein Bewerbungsformular aufrufen läßt. Mit dem entsprechenden Button holen Sie sich das Formular auf den Bildschirm, das Sie wie einen standardisierten Bewerbungsvordruck ausfüllen und via e-mail zurückschicken.

ä: 2
ö: 0
ü: 4
sch: 2
st: 1
ch: 3

15 Dieses automatisierte Auswahlverfahren ist manchmal brutal. So geben Firmen beispielsweise als Auswahlkriterium vor, Bewerber dürften die Durchschnittsstudiendauer nicht überschreiten. Haben Sie also BWL oder Maschinenbau studiert und wegen verschiedener Praktika und Auslandsaufenthalte 14 anstatt nur 9 Semester gebraucht, interessiert das den Computer, der Ihre Bewerbung standardisiert auswertet, überhaupt nicht. Oft werden Sie postwendend informiert, Sie seien nicht qualifiziert genug. Wenn Sie trotzdem an dem ausgeschriebenen Job interessiert sind, hilft nur eins: Gehen Sie den herkömmlichen Weg und greifen Sie zum Telefon. Die Kontaktadressen und Telefonnummern Ihrer Ansprechpartner sind gewöhnlich auf den jeweiligen Internetseiten angegeben.

ä: 0
ö: 2
ü: 3
sch: 5
st: 7
ch: 9

22. Konzentrations-Aufmerksamkeits-Leistungstest (S.108)

Genannt wird pro Aufgabe jeweils die Gesamtzahl der gefundenen a, b, und q.

1. 9 **2.** 13 **3.** 10 **4.** 8 **5.** 7 **6.** 5 **7.** 6 **8.** 11
9. 13 **10.** 5

23. Konzentration-Rechen-Leistungstest (S. 109)

Suchfeld

♐	☼	ϟ	®	Σ	♏	≈	≃	✠
5	8	6	4	1	9	2	7	3

♐	8	♏	16	®	10	≃	10	✠	1	Σ
	○○●		●○○		○○●		○●○		○○●	
☼	10	≈	7	✠	9	®	6	≈	3	♐
	○●○		●○○		●○○		○●○		○○●	
≃	13	ϟ	6	Σ	9	≈	11	ϟ	16	≃
	○●○		○○●		●○○		●○○		●○○	
≈	7	♐	4	☼	15	≃	11	♐	11	®
	○●○		○○●		○●○		○○●		●○○	
Σ	4	Σ	5	✠	9	♐	7	Σ	3	ϟ
	●○○		●○○		●○○		●○○		○○●	
≃	12	®	3	♐	16	≈	7	☼	4	≃
	●○○		○○●		●○○		○○●		○○●	
®	12	☼	9	Σ	11	®	10	Σ	2	✠
	○●○		○●○		●○○		●○○		○○●	
✠	14	Σ	11	ϟ	9	☼	12	®	4	Σ
	●○○		●○○		○○●		○●○		○○●	